Öffentliche Fördermittel für die gewerbliche Wirtschaft

Christoph M. Pfaff · Gary Huck

Öffentliche Fördermittel für die gewerbliche Wirtschaft

So werben Sie erfolgreich Subventionen für Ihr Unternehmen ein

Springer Gabler

Christoph M. Pfaff
CMP Financial Engineers
Augsburg, Deutschland

Gary Huck
CMP Financial Engineers
Augsburg, Deutschland

ISBN 978-3-658-46981-8 ISBN 978-3-658-46982-5 (eBook)
https://doi.org/10.1007/978-3-658-46982-5

Die Deutsche Nationalbibliothek verzeichnet diese Publikation in der Deutschen Nationalbibliografie; detaillierte bibliografische Daten sind im Internet über https://portal.dnb.de abrufbar.

Springer Gabler ist ein Imprint der eingetragenen Gesellschaft Springer Fachmedien Wiesbaden GmbH und ist ein Teil von Springer Nature.
Die Anschrift der Gesellschaft ist: Abraham-Lincoln-Str. 46, 65189 Wiesbaden, Germany

Geleitwort

Zwischen Markt und Politik – Die Welt der Förderungen und Subventionen

Wir leben in Deutschland und in der Europäischen Union in einer marktwirtschaftlichen Ordnung. Unternehmen konkurrieren im Wettbewerb um die besten Produkte und Prozesse und sorgen so für Effizienz, Innovation und letztlich Wohlstand. Der Staat beschränkt sich darauf, die Rahmenbedingungen zu setzen und den Wettbewerb zu schützen. So zumindest ist die Theorie.

Die Praxis aber sieht viel weniger nach reiner Lehre aus. Der Staat greift vielfältig in Märkte ein, um das Marktergebnis zu beeinflussen oder zu korrigieren. Der Staat will dabei nicht nur über Steuern und Abgaben finanzielle Mittel vereinnahmen, er setzt sie auch in Form von Subventionen und Fördergeldern zur Unterstützung bestimmter Industrien, Geschäftsmodelle oder Verhaltensweisen ein. An dieser Stelle spätestens setzt das ordnungspolitische Misstrauen gegenüber dem Staat ein: Weiß er, was er tut, und tut er dies wirksam und transparent? Welchen politökonomischen Eigen- und Fehlanreizen unterliegt der Staat dabei womöglich? Es gibt eine empirisch und anekdotisch gut belegte Neigung des Staates, immer tiefer in die Prozesse und Entscheidungen der Marktakteure einzugreifen – immer in bester Absicht natürlich. Es entsteht dabei Bürokratie, die, wenn sie einmal besteht, kaum mehr, wie wir heute schmerzlich wissen, abgebaut wird.

Doch gibt es natürlich auch gute Gründe für den Staat, in den Markt einzugreifen, zum Beispiel im Falle von Marktversagen, wie etwa beim Klimaschutz, oder im Falle der Industriepolitik, wenn er insbesondere in Transformationsprozessen bestimmte Industrien am Markt schützen oder fördern will. Gut gemeint, ist aber noch nicht gut gemacht. Die Absicht mag löblich, die Begründung stringent sein. Und doch kann eine schlechte Umsetzung entweder dazu führen, dass kein Anreiz besteht, diese Gelder überhaupt in Anspruch zu nehmen, oder Mitnahmeeffekte entstehen: Die Förderung also sehr teuer wird, aber kaum einen messbaren Effekt hat. Vieles hängt daher am konkreten Design und der Implementierung von solchen Maßnahmen und Instrumenten. Auktionsverfahren etwa können zu einem effizienten Bieterwettbewerb beitragen, präzise formulierte Auflagen die Mittel zielgenauer allokieren.

Beispiele für gute oder schlechte Ausgestaltungen gibt es viele, häufiger und bekannter sind die schlechten. So hat der Europäische Rechnungshof jüngst festgestellt, dass immer mehr Mittel fehlgeleitet oder zumindest schlecht konzipiert und geprüft wurden. Gerade der Corona-Aufbaufonds der EU war dafür anfällig, weil nahezu alles darunter subsummiert werden konnte und kaum jemand die Mittelverwendung kontrollierte. Aber es gibt auch positive Wirkungen: In Krisen können kritische Infrastrukturen und Versorgungsketten aufrechterhalten werden, in Transformationsprozessen grüne Leitmärkte entwickelt und Innovationsrichtungen verändert werden.

Fördergelder und Subventionen wird es immer geben. In den nächsten Jahren wahrscheinlich sogar noch mehr. Die vielen Transformationsprozesse und die geopolitischen Veränderungen werden die Wirtschaftspolitik in Deutschland und der EU weiter herausfordern. Green Deal, Clean Industrial Act und Net-Zero Industry Act sind nur einige der großen Programme, die in den kommenden Jahren erheblichen Einfluss auf die deutsche und europäische Wirtschaft nehmen werden. Der Markt und die Politik werden dabei immer enger miteinander verflochten sein.

Vor diesem Hintergrund verfolgt das vorliegende Buch das Ziel, Schneisen in den dichten Dschungel an Subventionen und Fördergeldern zu schlagen, um besser zu sehen und zu verstehen, wie Sie und Ihr Unternehmen davon profitieren können – von der Information über die Antragstellung bis hin zur Bewilligung. Ganz nebenbei führen die Autoren in informativer und kompetenter Weise in eine komplexe, aber auch interessante Welt im Grenzbereich zwischen Markt und Politik ein.

Professor Dr. Henning Vöpel
Vorstand der Stiftung Ordnungspolitik und Direktor des Centrums für Europäische Politik

Vorwort

Mit dem 29. Subventionsbericht der Bundesregierung (2023) steigt das Subventionsvolumen der Finanzhilfen und Steuervergünstigungen von 37,9 Mrd. € im Jahr 2021 auf 67,1 Mrd. € im Jahr 2024. Diese Summe verteilt sich in Deutschland auf tausende verschiedene Förderprogramme, die unterschiedlichen Verwaltungsregeln folgen. Dies führt zu einem großen Maß an Komplexität in der praktischen tagtäglichen Anwendung für Unternehmen und Ministerien.

Mit diesem Buch wollen die Autoren dem Leser ein Instrument an die Hand geben, um sich einfacher im sprichwörtlichen Dschungel der Subventionen zurecht zu finden und das Fördermittelsystem auf EU-, Bundes- und Landesebene zu verstehen und für seine Zwecke anzuwenden. Das Buch richtet sich an mittelständische und große Konzerne in Deutschland und deren Management und zielt darauf ab, Wissen zu vermitteln, um anstehende Investitions- und Entwicklungsvorhaben gezielt auf die Nutzung von öffentlichen Zuschüssen zu prüfen. Die Autoren behandeln im ersten Abschnitt die historische und volkswirtschaftliche Einordnung des deutschen Förderwesens. Danach erhält der Leser einen Überblick über den Aufbau und die Systematik des Förderwesens und seiner Instrumente, so dass er nach seinen Bedürfnissen eine korrekte Einordnung seines Unternehmens und der geplanten Vorhaben vornehmen kann. Im dritten Abschnitt geben die Autoren anhand von Praxisfällen eine Anleitung zum erfolgreichen Einwerben öffentlicher Subventionen für Entscheider der gewerblichen Wirtschaft: Tipps und Tricks zur richtigen Vorgehensweise, die die Autoren in über 25 Jahren erfolgreicher Beratung in dem komplizierten und breiten Feld des deutschen Förderwesen sammeln konnten. Wir wünschen viel Erfolg!

Augsburg, Deutschland — Christoph M. Pfaff
Augsburg, Deutschland — Gary Huck

Competing Interests

Die Autor*innen haben keine für den Inhalt dieses Manuskripts relevanten Interessenkonflikte.

Inhaltsverzeichnis

Abbildungsverzeichnis

Tabellenverzeichnis

1 Deutsches Förderwesen: kurze historische und volkswirtschaftliche Einordnung

Zusammenfassung

In diesem Kapitel befassen wir uns mit der Historie der öffentlichen Fördermittel und deren Instrumente und zeigen auf, welchen Zweck diese Instrumente durch die Initiatoren verfolgen sollten und wie sie sich im Laufe der Jahrhunderte gewandelt sowie entwickelt haben und somit zu einem wichtigen Schwert der politischen Willensumsetzung in der modernen Marktwirtschaft des 21. Jahrhunderts geworden sind. Dazu beginnen wir mit einem typischen Beispiel gelebter Förderpolitik mit dem Ziel, wirtschaftliches Wachstum zu erzeugen und dadurch Steuereinnahmen zu forcieren.

1.1 Historische Einordnung

1.1.1 Antike

Fördermittel – eine Erfindung der Moderne? Sicher nicht, da die nachfolgenden Beispiele aufzeigen, dass bereits circa 2000 vor Christus Subventionen zur Umsetzung des Staatswillens eingesetzt wurden.

So stammt der begriffliche Ursprung der Fördermittel oder Subventionen aus dem lateinischen: subvenire = zu Hilfe kommen und wird heute mit finanziellen staatlichen Zuschüssen, die nicht an eine direkte Gegenleistung gebunden sind, erklärt. Empfänger von Subventionen können (andere) Staaten, Unternehmen oder private Haushalte sein. Subventionen fließen direkt (Finanzhilfen) oder indirekt (Steuervergünstigungen).

So war es nach Überlieferung Konsul Appius Claudius Pulchers, der 54 vor Christus den Anbau von Getreide subventionierte, um die Versorgung der stark wachsenden Bevölkerung Roms mit Nahrungsmitteln zu gewährleisten

C. M. Pfaff, G. Huck, *Öffentliche Fördermittel für die gewerbliche Wirtschaft*,
https://doi.org/10.1007/978-3-658-46982-5_1

1.1.2 Mittelalter

Wir gehen weiter auf eine Zeitreise ins Venedig des 14. Jahrhunderts und besuchen dort das Fondaco di Tedesci. Die regierenden Familien in Venedig boten den mittel- und nordeuropäischen Handelshäusern eine Unterkunft in Venedig, in welcher sie ihren Handelsaktivitäten nachgehen konnten. Die damaligen Handelsfamilien aus ganz Europa, unter anderem auch die Fugger aus Augsburg, ließen sich in Venedig nieder und gründeten im Handelshaus der Deutschen ihre Repräsentanzen, um über Venedig als Einfallstor von Waren aus dem nahen und fernen Osten ihre Geschäfte zu tätigen. Mit dieser Konzentration vieler Handelsaktivitäten an einem Ort verfolgten die Medici zwei Ziele: Durch die zur Verfügungstellung des Fondaco di Tedesci als Unterkunft und Arbeitsplatz fremder Händler subventionierten sie ihren Zweck fremde Handelsfamilien in Venedig anzusiedeln. Mit Hilfe gezielter Zölle und Steuern auf die gehandelten Waren, verdienten die venezianischen Familien an den Geschäften der fremden Händler mit. Gleichzeitig entwickelte sich Venedig zu einem der wichtigsten wirtschaftlichen Zentren Europas der damaligen Zeit. Das schuf zusätzliche Arbeitsplätze in der Stadt und sicherte den Wohlstand der venezianischen Familie (vgl. Israel, 2015). Ein Zitat aus der Zeit bestätigt diese Entwicklung: *„Es sei festgestellt, dass die Deutschen, … mit all Ihren Waren dem Zoll unserer Fondaco verpflichtet sind.“*

1.1.3 Neuzeit

Wenden wir uns nun der jüngeren Geschichte und Einordnung der öffentlichen Subventionen zu, sind Aktivitäten und die Kreativität der Weimarer Republik beachtenswert. Innovativ war der sogenannte „Subventions-Lkw“, der von 1908 bis 1913 vertrieben wurde. In dieser Zeit gab es immerhin 4000 Reichsmark als einmaligen Zuschuss bei einem Mindestanschaffungspreis von 16.000 Reichsmark und einem jährlichen Kostenbeitrag von 1000 Reichsmark auf die Laufzeit von fünf Jahren pro Lkw. Damit wurde die Lkw-Produktion in Deutschland angekurbelt. Und, da diese Fahrzeuge requirierfähig waren, gab es zum Kriegsbeginn genügend Fahrzeuge für den Kriegsfall im Jahr 1914.

Das wichtigste Fundament und die Basis der heutigen Förderpolitik in Europa, Deutschland und seinen Bundesländern war der von US-Außenminister George C. Marschall verkündete **Marschall-Plan** von 1947 (vgl. Abb. 1.1), der in der Zeit von 1948 bis 1952 unter dem Begriff der European Recovery Programms umgesetzt wurde (vgl. Wronski & Karres, 2022).

Ziel der Siegermächte, insbesondere der USA, war es nach dem zweiten Weltkrieg die durch den Krieg geschwächten europäischen Länder wieder aufzubauen und unter anderem die Beseitigung von Nahrungsmittel- und Kohlemangel zu forcieren. Aber auch mit der Umsetzung der Containment-Policy von Präsident Harry S-Truman gegen die massive Unterwanderung westlicher europäischer Staaten durch die damalige Sowjetunion mit der wirtschaftlichen Stärkung entgegenzutreten und somit einen Absatzmarkt in Europa für

Abb. 1.1 Marshall-Plan: Die Basis des modernen deutschen Förderwesens

die amerikanische Überproduktion zu schaffen. Das Programm war damals mit 13,12 Mrd. US-Dollar ausgestattet, was in etwa 180 Mrd. US-Dollar im Jahr 2022 entspricht.

Der Marschallplan unterteilte sich in:

- Äußerer Marschallplan: Lieferung von Lebensmitteln, Rohstoffen und Sachgütern in Milliardenhöhe
- Innerer Marschallplan: Kaufpreiszahlungen für Importe aus den USA. Erfolgte über sog. Gegenwertmittel für Investitionen.

Die Mittelverwaltung erfolgte durch die 1948 gegründete Kreditanstalt für Wiederaufbau (KFW) und es bestand eine Rückzahlungsverpflichtung einer Milliarde US-Dollar, die in Höhe von 1,41 Mrd. Mark als ERP-Sondervermögen ausgezahlt wurde. Die Rückzahlung erfolgte aus Bundesmitteln, so dass das ERP-Sondervermögen als Fonds für Investitionskredite angelegt wurde und im Jahr 2023 mit ca. 22 Mrd. € nach wir vor der KFW dazu dient, Förderprogramme für die deutsche Wirtschaft auf Bundesebene zu finanzieren.

Mit dem Wiederaufbau der Bundesrepublik Deutschland nach dem Zweiten Weltkrieg entstanden neben der Kreditanstalt für Wiederaufbau im Bund auch in den einzelnen

Bundesländern Banken, die den Wiederaufbau vor Ort unterstützen. Als Beispiel sei hier die bayerische Förderlandesbank LfA mit Sitz in München genannt.

Seit ihrer Gründung als Flüchtlingskreditbank im Jahr 1951 hat die LfA bis heute die wirtschaftliche Entwicklung Bayerns entscheidend mitgeprägt. Als älteste Förderbank ebnet die LfA Gründern den Weg in die Selbstständigkeit, unterstützt zukunftsweisende Investitionsvorhaben und steht bayerischen Unternehmen auch in schwierigen Situationen tatkräftig zur Seite.

Schlussfolgerung

Förderungen existieren bereits seit der Antike. Über die Jahrhunderte hat sich das Förderwesen zu einem regelbasierten System entwickelt, welches staatliche Akteure nutzen, um Investitionen in strategisch wichtigen Themenbereichen anzuregen und die Wirtschaftsleistung eines Landes zu stärken.

1.2 Beispielhafte Entwicklung in Bayern

Nach dem Krieg musste Bayerns Wirtschaft wieder in Gang gebracht und die Integration von über 1,9 Mio. Flüchtlingen bewältigt werden. Vor diesem Hintergrund gründet sich am 07.12.1950 durch ein eigenes Gesetz die Landesanstalt für Aufbaufinanzierung (LfA), die im Mai 1951 ihre Geschäftstätigkeit aufnimmt. Die LfA fördert anfangs zahlreiche kleine Gewerbebetriebe, bald auch mittelständische und große Unternehmen. Breit angelegte Fördermaßnahmen und die Unterstützung angeschlagener Unternehmen tragen erheblich zum „Wirtschaftswunder" in Bayern bei.

Konjunkturelle Krisen und strukturelle Umbrüche kennzeichnen die wirtschaftliche Entwicklung in der Phase der „langen 1970er-Jahre". Charakteristisch für diese Periode ist die Ölkrise 1973, in deren Verlauf sich der Preis für Energie schlagartig mehr als verdoppelt. Im Jahr 1970 wird mit einem neuen LfA-Gesetz dem gewandelten Tätigkeitsschwerpunkt der LfA Rechnung getragen: Ihr Engagement konzentriert sich zunehmend auf die regionale Wirtschaftsförderung. Vor allem durch den Einsatz des Mittelstandskreditprogramms trägt die Bank während der großen Krisen maßgeblich zur Bewältigung von Konjunktureinbrüchen und Strukturkrisen in Bayern bei.

Bedingt durch die rasch voranschreitende Globalisierung, die Öffnung der osteuropäischen Märkte und die Wiedervereinigung Deutschlands ergeben sich für die bayerische Wirtschaft neue Chancen, aber auch strukturelle Probleme. Mit der Ansiedlung bayerischer Unternehmen in den neuen Bundesländern setzt sich die LfA für die Förderung einer leistungsfähigen Wirtschaftsstruktur ein. In den 1990er-Jahren erfährt die Gründungsförderung in Bayern durch die Bereitstellung von Risikokapital einen massiven Schub. Das Bayerische Mittelstandskreditprogramm entwickelt sich zu einem besonderen Markenzeichen der LfA (vgl. LfA Förderbank Bayern, o. J.)

Europa wächst politisch und wirtschaftlich zusammen und es entsteht auf der Ebene der EU, der einzelnen Mitgliedstaaten national, wie auch in den Bundesländern ein kompliziertes Förderinstrumentarium. Getragen durch die Idee, die wirtschaftliche Zusammenarbeit innerhalb der EU-Mitgliedsstaaten zu erleichtern und einen europäischen Wirtschaftsraum zu schaffen, sorgt die Europäische Union für wichtige Meilensteine in der Entwicklung Europas zu einem Superwirtschaftsraum. Mit dem Wegfall der Zölle und Grenzen erfolgt gleichzeitig auch im Jahr 2014 die Einführung der Allgemeinen Gruppenfreistellungsverordnung, welche die Feststellung der Vereinbarkeit bestimmter Gruppen von Beihilfen mit dem Binnenmarkt zum Ziel hat. Die Allgemeine Gruppenfreistellungsverordnung kurz AGVO regelt europaweit den Umgang und die Verwendung von Beilhilfen und ist somit das juristische Gerüst der europäischen Förderpolitik für alle Programme – unabhängig auf welcher Ebene diese vergeben werden.

Somit ist der der Begriff „Fördermittel" kein klarer Begriff im juristischen oder betriebswirtschaftlichen Sinne. Laut IfS, Institut für Stadtforschung und Strukturpolitik GmbH definieren sich Fördermittel folgendermaßen:

Fördermittel sind finanzielle Zuwendungen in Form von Zuschüssen, Gewährleistungen, Bürgschaften, Garantien oder Beteiligungen an Empfänger außerhalb der Bundesverwaltung, die zweckgebunden in Form einer Projektförderung zur Erreichung politischer Zielsetzungen im Rahmen der eigenen Aufgaben des Empfängers ausgereicht werden.

1.2.1 Komplexität der öffentlichen Fördermittel und der Programme in der Betrachtung der Historie bis heute

Viele unserer Mandanten beschweren sich zurecht über den sogenannten Dschungel der Förderungen für die gewerbliche Wirtschaft und dessen Undurchdringbarkeit, wenn es darum geht, das richtige Programm für ein Unternehmen zu einem bestimmten Zweck zu beantragen. Woher kommt das? und warum nimmt dieser Trend immer mehr zu?

Um diese Fragen einfach zu beantworten, müssen wir nochmals zu den Marschallplänen von 1947 zurückgehen. Im Ursprung beteiligten sich von 1948 bis 1952 mit Großbritannien, Frankreich, Italien und der Bundesrepublik Deutschland noch weitere zwölf Staaten an diesem Programm, aber mit unterschiedlichen Summen, je nach Größe und Einwohner des Landes. In den darauffolgenden Jahren entwickelten sich diese Staaten auch wirtschaftlich unterschiedlich. Mit dem Wirtschaftswunder in Deutschland um 1950 und dem raschen wirtschaftlichen Aufstieg der Bundesrepublik zu einer der führenden Wirtschaftsnationen der Welt, verfügen Deutschland und weitere Nationen über hohe Steuereinnahmen, welche Sie teilweise mit gezielten Förderprogrammen in Investition und Innovation auf Bundes- und Landesebene in ihre Unternehmen reinvestieren. Mit den zusätzlichen Hoheitsrechten der elf alten westlichen Bundesländer und den fünf neuen östlichen Bundesländern, entwickeln sich auf diesen Länderebnen eigene Förderinstrumentarien – je nach Ausrichtung und politischen Willen der einzelnen Landesregierungen – parallel zu den bestehenden Bundesförderungen. Durch den gestiegenen Einfluss der Europäische Union auf die einzelnen Mitgliedsstaaten verfügen wir heute über knapp 2500 Förderprogramme für die gewerbliche Wirtschaft in der Bundesrepublik Deutschland, Tendenz stark steigend.

Schlussfolgerung

Mit der Ausweitung des Förderwesens wuchs auch seine Komplexität. In einem föderal organisierten Staat wie Deutschland verteilen sich politische und wirtschaftliche Kompetenzen neben dem Bund noch auf die einzelnen Bundesländer. Dementsprechend sind dort ebenfalls Förderprogramme mit eigenen Budgets und Regelungen aufgehängt. Dazu kommen noch übergeordnete Maßnahmen auf EU-Ebene.

Literatur

Israel, U. (2015). Fondaco dei Tedeschi. https://www.historisches-lexikon-bayerns.de/Lexikon/Fondaco_dei_Tedeschi. Zugegriffen am 22.10.2024.

LfA Förderbank Bayern. (o.J.). Von der Flüchtlings- zur modernen Wirtschaftsförderbank. https://www.lfa.de/website/de/lfa/wir-ueber-uns/chronik/index.php#:~:text=Nach%20dem%20Krieg%20muss%20Bayerns,Mai%201951%20ihre%20Gesch%C3%A4ftst%C3%A4tigkeit%20aufnimmt. Zugegriffen am 22.10.2024.

Wronski, U., & Karres, D. (2022). Anschub aus Amerika. https://www.kfw.de/stories/kfw/stories/gesellschaft/gesellschaftlicher-zusammenhalt/marshallplan/. Zugegriffen am 22.10.2024.

Aufbau und Systematik des deutschen Förderwesens und dessen Instrumente

2

Zusammenfassung

In diesem Kapitel erhalten Sie einen Überblick zu den theoretischen und rechtlichen Hintergründen des deutschen Förderwesens. Wir beginnen mit einer Einführung zu den rechtlichen Grundlagen des Förderwesens. Dem folgen Ausführungen zum Auftrag und den Befugnissen von Ministerien und Projektträgern im Kontext der deutschen Fördermittellandschaft. Anschließend folgt ein Überblick über die Instrumente, über welche Förderungen gewährt werden können. Das Kapitel schließt mit einer Erklärung der beiden übergeordneten Kategorien, in die sich Förderungen unterteilen lassen: Investitionsförderungen und Innovationsförderungen.

2.1 Rechtliche Grundlagen

2.1.1 AEUV und AGVO: Die Rahmenbedingungen für Förderungen im EU-Raum

Hinter dem Akronym AEUV steckt, der Vertrag über die Arbeitsweise der Europäischen Union. Der AEUV geht auf den im Jahr 1957 in Rom geschlossenen Vertrag zur Gründung der Europäischen Wirtschaftsgemeinschaft zurück. Dieses Vertragswerk wurde über die Jahre immer wieder geändert und ergänzt. Beispielsweise folgte im Jahr 1992 mit der Gründung der Europäischen Gemeinschaft auch die Umwidmung des Vertrags in „Vertrag zur Gründung der Europäischen Gemeinschaft". Im Jahr 2009 bekam der AEUV dann seinen heutigen Namen. Denn mit dem Inkrafttreten des Vertrags von Lissabon wurde die Europäische Gemeinschaft aufgelöst und die Europäische Union trat an ihre Stelle. Zusammen mit dem Vertrag über die Europäische Union bildet der AEUV die rechtliche Grundlage für das Handeln der Europäischen Union (vgl. Grabitz et al., 2023).

C. M. Pfaff, G. Huck, *Öffentliche Fördermittel für die gewerbliche Wirtschaft*,
https://doi.org/10.1007/978-3-658-46982-5_2

Aus förderrechtlicher Sicht ist der AEUV der wichtigere der beiden EU-Verträge. Er besteht aus insgesamt 358 Artikeln. Mit dem Förderwesen im speziellen beschäftigen sich die Artikel 107, 108 und 109.

Artikel 107 beginnt mit dem Satz:

> „Soweit in den Verträgen nicht etwas anderes bestimmt ist, sind staatliche oder aus staatlichen Mitteln gewährte Beihilfen gleich welcher Art, die durch die Begünstigung bestimmter Unternehmen oder Produktionszweige den Wettbewerb verfälschen oder zu verfälschen drohen, mit dem Binnenmarkt unvereinbar, soweit sie den Handel zwischen Mitgliedstaaten beeinträchtigen." (vgl. Europäische Kommission, 2012)

Im Grunde bedeutet das, dass Förderungen nicht mit EU-Recht vereinbar sind. Da wir uns jedoch in Kap. 2 eines Fachbuchs über Fördermittel befinden, muss es Ausnahmen von dieser Regel geben. So ist es auch. Diese Ausnahmen folgen in überblicksartiger Form in den Sätzen 2 a bis c und 3 a bis e von Art. 107. Danach sind Beihilfen mit dem EU-Binnenmarkt vereinbar, für:

- Soziale Vorhaben die diskriminierungsfrei einzelne Verbraucher begünstigen,
- Vorhaben, um Schäden durch Naturkatastrophen oder sonstige außergewöhnliche Ereignisse zu beseitigen.
- Vorhaben, die in betroffenen Gebieten durch die Teilung Deutschlands hervorgerufene wirtschaftliche Nachteile ausgleichen.
- Vorhaben, die die wirtschaftliche Entwicklung in strukturell benachteiligten Gebieten unterstützen.
- Vorhaben, die dem gemeinsamen europäischen Interesse dienen oder zur Behebung beträchtlicher Störungen im Wirtschaftsleben der Mitgliedsstaaten beitragen.
- Vorhaben über welche bestimmte Wirtschaftszweige oder Wirtschaftsgebiete weiterentwickelt werden.
- Vorhaben, welche dem Erhalt der Kultur und des kulturellen Erbes dienen.

Außerdem kann der europäische Rat jede sonstige Art von Förderung der Kommission zur Genehmigung vorschlagen.

Artikel 108 der AEUV befasst sich mit dem Vorgehen, wenn ein Mitgliedsstaat die Vorgaben aus Art. 107 nicht einhält. Dabei ist die Kommission dazu angehalten stetig zu überprüfen, ob die Förderungen, welche die Mitgliedsstaaten umsetzen, den betreffenden Beihilferegeln entsprechen. Staaten, die mit ihren Beihilfen gegen die Regeln verstoßen, werden von der EU-Kommission dazu verordnet, die betreffenden Beihilfen aufzuheben oder umzugestalten. Kommt ein Staat dieser Anordnung in der vorgegeben Frist nicht nach, kann die EU-Kommission den Europäischen Gerichtshof einschalten.

Mitgliedsstaaten haben wiederum das Recht, einen Antrag zu stellen, dass auch Beihilfen, welche gegen Art. 107 verstoßen als mit EU-Recht vereinbar eingestuft werden sollen. Dazu ist jedoch die einstimmige Zustimmung des EU-Rates notwendig. (Absatz 3)

Allein in Deutschland existieren aktuell über 2000 verschiedene Förderungen. Für die EU wäre es dementsprechend schon eine Mammutaufgabe all diese Programme zu überprüfen, geschweige denn alle Programme der gesamten Mitgliedsstaaten. Damit die Union nicht im Verwaltungsaufwand versinkt, gibt es Artikel 109 des AEUV:

> „Der Rat kann auf Vorschlag der Kommission und nach Anhörung des Europäischen Parlaments alle zweckdienlichen Durchführungsverordnungen zu den Artikeln 107 und 108 erlassen und insbesondere Bedingungen für die Anwendung des Artikels 108 Absatz 3 sowie diejenigen Arten von Beihilfen festlegen, die von diesem Verfahren ausgenommen sind.“ (vgl. Europäische Kommission, 2012)

Dieser Absatz räumt die Möglichkeit ein, in einem gesammelten Dokument Vorschriften und Anforderungen für Förderprogramme zu bündeln. Programme, die mit dieser Regelsammlung konform sind, gelten als mit dem EU-Recht vereinbar. Im Jahr 2014 verabschiedete die EU-Kommission die „Verordnung (EU) 651/2014 zur Feststellung der Vereinbarkeit bestimmter Gruppen von Beihilfen mit dem Binnenmarkt in Anwendung der Artikel 107 und 108 des Vertrags über die Arbeitsweise der Europäischen Union“. Hinter diesem etwas sperrigen Titel steckt eine Regelung, die den meisten als Allgemeine Gruppenfreistellungsverordnung, kurz AGVO bekannt ist.

Die AGVO vereinfacht bis heute das Förderwesen immens. Gäbe es sie nicht, müssten deutsche Ministerien mit jeder neuen Förderrichtlinie, die sie umsetzen möchten, zuerst an die EU herantreten, um sich abzusichern, dass die Richtlinie mit der AEUV vereinbar ist. Ausgenommen davon wären lediglich Bagatellbeihilfen, sogenannte De-minimis-Beihilfen. Stand heute (März 2024) liegt der De-minimis-Höchstsatz bei 300.000 €. Beihilfen bis zu dieser Höhe gelten immer als mit Art. 107 und 108 AEUV vereinbar.

Damit auch höhere Beihilfen ausgezahlt werden dürfen, ohne immensen bürokratischen Aufwand bis nach Brüssel heraufzubeschwören, regelt die AGVO, was fördertechnisch erlaubt ist und was nicht. In diesem Bestreben war die AGVO durchaus ein Erfolg. Laut der EU-Kommission fielen seit 2015 über 90 % aller in EU-Mitgliedsstaaten neu aufgestellten Fördermaßnahmen unter die AGVO. Alle diese Maßnahmen konnten somit ohne dezidierte Genehmigung der EU rechtssicher umgesetzt werden.

Der Grundgedanke hinter der AGVO ist es, Kriterien festzulegen, nach denen Förderprogramme den Wettbewerb im EU-Binnenmarkt nicht verfälschen und den Handel zwischen den EU-Mitgliedsstaaten nicht beeinträchtigen. Die AGVO legt unter anderem fest, wer gefördert werden darf, welche Ausgaben als förderfähig gelten, wie hoch eine Beihilfe maximal in Bezug zu den förderfähigen Kosten ausfallen darf und wie hoch die Maximalbeträge sind, welche als Förderung ausbezahlt werden können. Folgende Beihilfekategorien regelt die AGVO (vgl. Europäische Kommission, 2014):

- Regionalbeihilfen
- Beihilfen für kleine und mittlere Unternehmen (KMU) in Form von Investitionsbeihilfen, Betriebsbeihilfen und Beihilfen zur Erschließung von Finanzierungen für KMU

- Umweltschutzbeihilfen
- Beihilfen für Forschung, Entwicklung und Innovation
- Ausbildungsbeihilfen
- Einstellungs- und Beschäftigungsbeihilfen für benachteiligte Beschäftigte mit Behinderungen
- Beihilfen zur Bewältigung der Folgen bestimmter Naturkatastrophen
- Sozialbeihilfen für die Beförderung von Einwohnern entlegener Gebiete
- Beihilfen für Breitbandinfrastrukturen
- Beihilfen für Kultur und die Erhaltung des kulturellen Erbes
- Beihilfen für Sportinfrastrukturen und multifunktionale Freizeitinfrastrukturen
- Beihilfen für lokale Infrastrukturen
- Beihilfen für Regionalflughäfen
- Hafenbeihilfen
- Beihilfen für Projekte der europäischen und territorialen Zusammenarbeit
- Beihilfen im Rahmen von aus dem Fonds „InvestEU" unterstützen Finanzprodukten

Die AGVO ist ein umfassendes Dokument. Das von der EU zur Verfügung gestellte pdf hat fast 80 Seiten. Es würde den Rahmen und die Intention dieses Werkes sprengen, die Verordnung hier en Detail zu behandeln. Das wird bereits in anderen Büchern detailliert behandelt. Auf einige ausgewählte Artikel der AGVO möchten wir trotzdem eingehen. Diese finden sich in vielen Richtlinien und Verordnungen innerhalb der Förderlandschaft wieder.

Zu nennen ist hier zuerst Artikel 2 AGVO. Dieser Teil der Verordnung enthält die Begriffsbestimmungen für Formulieren, welche in der AGVO auftauchen und einer weiteren Erklärung bedürfen. Dieses Kapitel des Dokuments dient als Glossar der AGVO. Die Erklärungen zu den einzelnen Begrifflichkeiten helfen, die restlichen Artikel der Verordnung zu verstehen. Artikel 2 schafft somit eine Verständnisbasis zur Sprache der AGVO.

In Artikel 4 finden sich die Anmeldeschwellen für unterschiedliche Arten von Beihilfen. Die Anmeldeschwelle bezeichnet die Höhe, die die förderfähigen Kosten für ein Projekt maximal betragen dürfen, damit es AGVO-konform förderbar ist. Für regionale Investitionsbeihilfen liegt diese Grenze bei 110 Mio. €. Das heißt, EU-Mitgliedsstaaten können ohne weiteres Investitionsprojekte, beispielsweise in die Erweiterung oder Neuansiedlung eines Produktionsstandortes mit einem Investitionsvolumen von 110 Mio. € fördern. Das heißt natürlich nicht, dass auch die Zuschusssumme, welche das Land ausschüttet, so hoch ist. Hier gilt es einige wichtige Unterschiede zu verstehen. Es gibt förderfähige Kosten, die Förderintensität und die Investitionskosten. Bei den Investitionskosten handelt es sich um die Summe, die ein Unternehmen in ein Projekt investieren möchte. Die förderfähigen Kosten sind die Summe aus den Gesamtkosten, die in dem Programm, mit welchem das Projekt gefördert werden, als förderbare Kosten anzusetzen sind. Die Förderintensität ist die Summe der förderfähigen Kosten, welche die fördernde Stelle schlussendlich bezuschusst.

Zum Verständnis ein Beispiel: Ein deutsches Industrieunternehmen möchte eine neue Produktion aufbauen. Die Gesamtinvestitionssumme dafür liegt bei 50 Mio. €. Das Unternehmen strebt eine Wirtschaftsförderung an. Nach der Förderrichtlinie, mit der das Investitionsprojekt gefördert werden soll, können jedoch nur 40 Mio. € als förderfähige Kosten angesetzt werden. Die restlichen zehn Millionen Euro fallen in Kategorien, die nach der Richtlinie nicht förderfähig sind. Was das für Kostenarten sein können, erfahren sie in Abschn. 2.4 und Abschn. 2.5. Nun lässt die Richtlinie für das Projekt unseres Beispielunternehmens eine Förderintensität von 20 % zu. Dementsprechend liegt die maximale Zuschusssumme bei acht Millionen Euro (20 % von 40 Mio. €). Diese verschiedenen Kategorien sind grundlegend für jedes Förderprojekt. Es ist wichtig, die Unterschiede zu kennen.

Neben Anmeldeschwellen für regionale Investitionsbeihilfen gibt es noch viele weitere Unterteilungen in Artikel 4. In Förderrichtlinien werden diese Werte explizit oft gar nicht genannt. Die Richtlinie verweist direkt auf de AGVO.

Neben allgemeinen Informationen enthält die AGVO ebenfalls Regelungen, die sich auf spezielle Beihilfekategorien beziehen. Einige davon werden wir im weiteren Verlauf von Kap. 2 genauer erklären (vgl. Abb. 2.1).

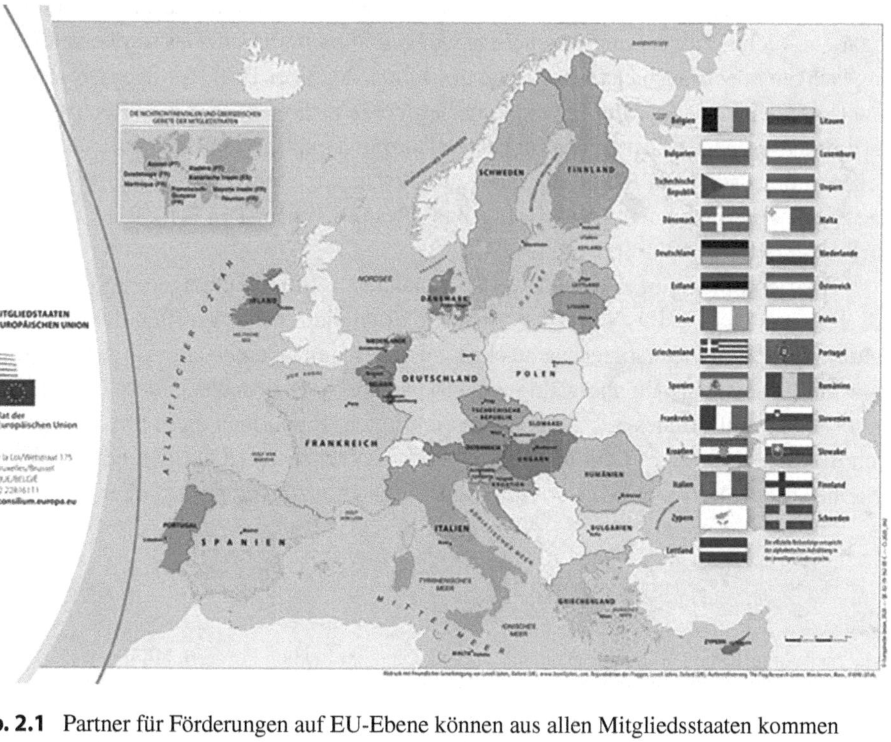

Abb. 2.1 Partner für Förderungen auf EU-Ebene können aus allen Mitgliedsstaaten kommen

2.1.2 Rechtlicher Rahmen für Förderungen auf Bundes- und Landeseben

Um Förderungen besser verstehen zu können ist es sinnvoll, die AGVO zu kennen. Aber die rechtlichen Dokumente, mit denen Unternehmen im Förderwesen am ehesten in Kontakt kommen, sind die spezifischen Richtlinien der Förderprogramme. Diese Richtlinien geben den Rahmen für Förderungen auf Bundes- und Landesebene vor. In aller Regel sind die Richtlinien an die AGVO angelehnt, damit sie auch ohne dezidierte Abstimmung mit der EU-Kommission als mit EU-Recht vereinbar einzustufen sind.

In den Richtlinien, die von Bundes- und Landesministerien veröffentlicht werden, ist festgehalten, was, wer und wie gefördert werden kann. Wir sprechen hier zwar von rechtlichen Dokumenten. Aber Förderrichtlinien sind keine Gesetze. Es gibt in Deutschland keinen Anspruch auf Förderung, abgesehen von einer Ausnahme. Diese Ausnahme ist die Forschungszulage. Sie basiert nicht auf einer Richtlinie, sondern tatsächlich auf einem Gesetz. Dem Forschungszulagengesetz. In Abschn. 2.3 gehen wir näher darauf ein. Wurde ein Anspruch auf Forschungszulage festgestellt, könnte man diesen als Unternehmen einklagen. Bei allen anderen deutschen Förderprogrammen ist das nicht der Fall. Ein rechtlich bindender Anspruch auf finanzielle Mittel ist in der Regel erst gegeben, wenn der Zuwendungsbescheid vom Ministerium, welches die Förderung ausstellt, sowie dem Projektträger, welcher das Förderprogramm umsetzt, bewilligt wurde. In Ausnahmefällen kann sogar ein solcher Zuwendungsbescheid zurückgenommen werden. Das war beispielsweise im Nachgang des Haushaltsstopps Ende des Jahres 2023 der Fall. Normalerweise können sich Unternehmen jedoch auf Zuwendungsbescheide verlassen. Dass kein Rechtsanspruch auf Förderung besteht, ist in den meisten Richtlinien explizit festgehalten. Häufig findet sich dort der Satz: „Ein Rechtsanspruch auf Gewährung einer Zuwendung besteht nicht. Die Zuwendungsgeber entscheiden aufgrund ihres pflichtgemäßen Ermessens im Rahmen verfügbarer Haushaltsmittel."

Förderrichtlinien gibt es zuhauf. Verfolgt man die Veröffentlichungen im Bundesanzeiger lassen sich quasi wöchentlich, manchmal täglich neue Veröffentlichungen oder Änderungsbekanntmachungen ausmachen. Diese Vielfalt an unterschiedlichen Richtlinien kann auf den ersten Blick überwältigend wirken. Aber vom grundlegenden Aufbau her ähneln sich sowohl Bundes- als auch Landesrichtlinien. Kennt man diese Struktur, gestaltet sich die Arbeit mit den Richtlinien als weitaus einfacher als es auf den ersten Blick erscheinen mag. Deswegen wollen wir diesen Aufbau hier zeigen und erklären:[1]

[1] Die hier aufgeführten Gliederungspunkte finden sich nicht in allen Förderrichtlinien wider. Sie sollen lediglich häufig in Förderrichtlinien zu findende Gliederungspunkte erklären und veranschaulichen. Genannte Punkte können in manchen Richtlinien nicht aufgeführt oder durch weitere Gliederungspunkte ergänzt sein. Die Reihenfolge ist ebenfalls zufällig gewählt, Förderrichtlinien können davon abweichen.

Förderziel

Staaten setzen keine Förderprogramme auf, weil sie nichts Besseres zu tun oder zu viel Geld haben. Förderungen, welche über Steuergelder finanziert werden, verfolgen Ziele. Die Programme werden aufgelegt, um Investitionen in bestimmte Bereiche auszulösen, die ein Staat für wichtig erachtet. Staaten sind jedoch nicht in der Lage alle ihre Ziele selbst umzusetzen. In Ländern wie der Bundesrepublik Deutschland soll der Staat die Rahmenbedingungen für das Zusammenleben und Wirtschaften vorgeben. Die Gesellschaft kann grundsätzlich frei Entscheidungen treffen, was sie innerhalb dieses Rahmens tut. Über Förderungen kann der Staat jedoch Investitionen anregen, die bei der Erreichung strategischer Ziele helfen. Welche Ziele das sind, wird in diesem Abschnitt anhand einer Förderrichtlinie umrissen. Ein Beispiel, welches sich in vielen Richtlinien findet, ist der Klimaschutz. Sowohl bei der Förderung von Forschungs- und Investitionsprojekten spielt der Klimaschutzgedanke als übergeordnete Zielsetzung die Hauptrolle. Die Existenz einer Förderrichtlinie wird darüber begründet, dass über die in der Richtlinie förderbaren Maßnahmen der Klimaschutz verbessert wird. Andere übergeordnete Zielsetzungen können strukturpolitische Überlegungen sein, beispielsweise die Verbesserung der Wirtschaftsleistung in strukturschwachen Regionen. Andere Zielsetzungen sind spezifischer. Dabei geht es gezielt darum spezielle Technologien zu fördern, die die Wettbewerbsfähigkeit eines Landes verbessern sollen. Aktuelle Beispiele (2024) dafür sind KI-Technologien, Quantencomputing oder die Fusionsforschung. Das Förderziel ordnet die Richtlinien in den größeren gesellschaftlichen, wirtschaftlichen oder politischen Kontext ein.

Fördergegenstand

Dieser Abschnitt der Richtlinie beschreibt, welche Vorhaben förderbar sind. Zuerst gibt es einen Überblick über die förderbaren Vorhabenarten. Bei der Forschungsförderung können das die industrielle Forschung, die experimentelle Entwicklung, Machbarkeitsstudien oder Demonstrationsvorhaben sein. Im Bereich Investitionen gibt es zum Beispiel Erstinvestition, Ersatzinvestition oder Erweiterungsinvestition. Anschließend folgt eine Auflistung der förderbaren Themenbereiche, in die die Projekte fallen können. Manche Richtlinien halten diese Erklärungen eher kurz. Das ist meist dann der Fall, wenn diese sich insgesamt auf ein eher zugespitztes Thema bezieht. Die Richtlinie zur Förderung nichtöffentlich zugänglicher Ladeinfrastrukturen zeigt bereits über ihren Titel relativ genau um was es geht. In der weiterführenden thematischen Eingrenzung reicht es zu umreißen, welche Komponenten einer Ladeinfrastruktur förderbar sind. Bei einer Richtlinie wie der zum 7. Energieforschungsprogramm ist die Situation anders gelagert. Die Energieforschung ist ein weites Feld, in das viele Unterkategorien fallen können. Die Richtlinie dieses Programms beschreibt auf 21 Seiten alle Unterkategorien, die nach in diesen Bereich fallen. Andere Richtlinien bleiben insgesamt eher allgemein. Zu nennen wäre das Bayerische Energieforschungsprogramm. Manche Richtlinien bleiben den Fördergegenstand betreffend insgesamt eher allgemein. Zu nennen wäre die Richtlinie zur Gemeinschaftsaufgabe „Verbesserung der allgemeinen Wirtschaftsstruktur". Diese Richtlinie umfasst in ihrer 2024er-Form über 100 Seiten. Der Abschnitt „Fördergegenstand" ist lediglich fünf Zeilen lang. Allerdings spezifiziert die Richtlinie den Fördergegenstand in anderen Kapiteln. Teilweise lassen Richtlinien beim Fördergegenstand auch gewisse Interpretationsspielräume. Ob ein Projekt tatsächlich für eine Förderung mit einer bestimmten Richtlinie geeignet ist, lässt sich zweifelsfrei durch ein Gespräch mit dem zuständigen Projektträger klären. Die Lektüre des Abschnitts „Fördergegenstand" ist trotzdem immer ein guter Ansatzpunkt, um das Förderpotenzial eines Vorhabens über eine bestimmte Richtlinie zu analysieren.

Zuwendungsempfänger

Im Abschnitt „Zuwendungsempfänger" wird erläutert, wer mit der entsprechenden Richtlinie gefördert werden kann. Neben Unternehmen der gewerblichen Wirtschaft können je nach Pro auch Forschungseinrichtungen, NGOs oder Kommunen Zuschüsse erhalten. Manche Richtlinien sind speziell auf bestimmte Arten von Organisationen ausgelegt und schließen andere aus. Richtlinien, die speziell für die gewerbliche Wirtschaft verfasst wurden, stehen jedoch nicht zwangsläufig allen Unternehmen offen. Die Förderkulisse in Deutschland favorisiert kleine und mittlere Unternehmen (KMU). Im öffentlichen Sprachgebrauch fällt oft die Formulierung „kleine und mittelständische Unternehmen". Im Kontext von Förderungen ist das jedoch falsch. Die Europäische Union hat Kriterien festgelegt, wann Unternehmen als klein oder mittel gelten. Was ein KMU ist, lässt sich somit genau einordnen. Der Begriff „mittelständisches Unternehmen" ist nicht genau definiert. Ein mittelständisches Unternehmen kann alles von einem kleinen 10-Mann-Betrieb bis zu einem international tätigen Konzern mit tausenden Mitarbeitern und Milliardenumsätzen sein. Was die KMU-Kriterien beinhalten, klären wir in Abschn. 2.1.3.

Förderrichtlinien speziell für KMU beinhalten häufig weniger strenge Anforderungen an Vorhaben. Die nachzuweisenden Effekte sind teilweise niedriger und die Programme verfolgen manchmal weniger spezifische Ziele. Dass kleine und mittlere Unternehmen vom Förderwesen bevorzugt werden, hat seine Gründe. Nach Angaben des Statistischen Bundesamtes gab es im Jahr 2021 in Deutschland etwa 3,2 Mio. KMU. Das entspricht 99,3 % der Gesamtzahl an Unternehmen im Land. 56 % aller Beschäftigten in Deutschland arbeiten bei einem KMU (vgl. Statistisches Bundesamt, 2024). KMU sind essenziell für die deutsche Wirtschaft. Risikoreiche Investitionen in Forschung und Entwicklung oder umfassende Ausgaben für Produktionserweiterungen oder -erneuerungen sind für sie in der Regel schwieriger zu stemmen als für Konzerne. Deswegen stehen ihnen mehr Möglichkeiten offen, Förderungen in Anspruch zu nehmen. Natürlich heißt das nicht, dass große Unternehmen und Konzerne nicht oder kaum gefördert werden. Konzerne können großen Einfluss auf die wirtschaftliche Entwicklung nehmen. In der Fülle der deutschen Förderrichtlinien finden sich viele, welche Unternehmen unabhängig ihrer Größe und des Umsatzes offenstehen.

Weitere Faktoren, die die Zuwendungsempfänger eingrenzen können, sind Branche sowie geographische Lage. In einem landesspezifischen Programm lässt sich eine Förderung nur beantragen, wenn das Vorhaben in diesem Bundesland umgesetzt wird. Manche Programme, beispielsweise die GRW, schließen bestimmte Branchen von einer Förderung aus. In der GRW-Richtlinie findet sich eine Negativliste mit WZ-Codes der Branchen, die von der Förderung ausgeschlossen sind.

Die Projektstruktur kann auch ein entscheidender Faktor sein. In manchen Programmen können nur Verbundprojekte gefördert werden. Teilweise sind Richtlinien von Grund auf nur für Verbundprojekte ausgelegt. Für Förderprogramme auf EU-Ebene ist das bis auf einige Ausnahmen die Norm. Über Verbundprojekte können teilweise auch Konzerne in Programmen gefördert werden, in denen sie eigentlich nicht förderfähig wären. Und zwar durch Kooperationsprojekte mit KMU. In diesen Fällen gibt es jedoch spezielle Regeln, in welchem Verhältnis die Projektkosten verteilt sein dürfen oder müssen.

Der Abschnitt zu Zuwendungsempfängern ist meist zweigeteilt. Der erste Teil enthält Informationen dazu, welche Unternehmen oder Organisationen antragsberechtigt sind. Daraus lassen sich natürlich Schlüsse ziehen, wer nicht antragsberechtigt ist. Der zweite Teil zeigt, wer von der Förderung ausgeschlossen ist. Hier finden sich allgemeine Kriterien, die in den meisten Richtlinien gleich formuliert sind. Ausgeschlossen sind Unternehmen, die einer Rückforderungsanordnung in Bezug auf eine Beihilfe durch die EU nicht nachgekommen sind. Das bedeutet: musste ein Unternehmen wegen grober Regelverstöße eine bereits bewilligte und ganz oder teilweise ausbezahlte Förderung zurückzahlen, kam dem aber nicht nach, ist es von weiteren Förderungen ausgeschlossen. Des Weiteren können Unternehmen in Schwierigkeiten keine Anträge stellen. Wann ein Unternehmen als „in Schwierigkeiten" einzustufen ist, wird in Abschn. 2.1.3 erläutert.

Rechtsgrundlage

Dieser Abschnitt befasst sich mit den verwaltungsrechtlichen Rahmenbedingungen, auf denen die Richtlinie aufbaut. Richtlinien sind keine Gesetze. Kein Antragsteller hat ein Recht auf Zuwendung. Die Bewilligungsbehörde entscheidet mit Blick auf die verfügbaren Haushaltsmittel, inwieweit Förderungen möglich sind. Deswegen kann es passieren, dass einem Antragsteller mitgeteilt wird, dass sein Vorhaben zwar grundsätzlich förderfähig ist, es jedoch kein Budget mehr für das Programm gibt, in dem ein Antrag angestrebt wird. Bei einer Förderung für E-Fahrzeuge und PV-Module in Jahr 2023 war der Andrang beispielsweise so hoch, dass das Jahresbudget bereits nach 24 h aufgebraucht war. Viele eingegangene Anträge waren zu diesem Zeitpunkt noch nicht bearbeitet. Hier gilt „wer zuerst kommt mahlt zuerst". Außerdem verweist der Fördergeber in diesem Abschnitt darauf, dass er das Recht hat Zuwendungsbescheide aufzuheben und die ausgezahlten Zuschusssummen zurückzufordern. Welche Bedingungen dafür erfüllt sein müssen, zeigen wir in Abschn. 2.2 auf.

Außerdem nimmt dieser Teil der Richtlinie Bezug zur AGVO. Er erklärt, dass diese die Regelungen der Richtlinie den Voraussetzungen der AGVO entsprechen und damit konform mit den Artikeln 107 und 108 des AEUV sind.

Art, Umfang und Höhe der Förderung

Dieser Teil einer Richtlinie zeigt, wie hoch die maximale Fördersumme und Förderintensität unter bestimmten Voraussetzungen ausfallen können und welche Ausgaben zuwendungsfähig sind. Die maximale Förderintensität kann je nach Art des Vorhabens, Ort der Investition oder Größe des Antragsstellers variieren. Bei der Forschungsförderung unterscheidet man beispielsweise zwischen industrieller Forschung, experimenteller Entwicklung und Durchführbarkeitsstudien. Je nachdem in welcher Kategorie das Vorhaben anzusiedeln ist, verändert sich die maximale Förderintensität. KMU erhalten zum Teil einen Bonus. Das kann dazu führen, dass die Förderintensität, zumindest für FuE-Vorhaben, bis auf 80 % ansteigt. Bei Investitionsvorhaben ist es ähnlich gelagert. Für unterschiedliche Investitionen werden verschiedene Förderintensitäten aufgerufen. Bei Investitionen kann auch der Ort der Investition eine Rolle spielen. In welcher Art von Fördergebiet das Vorhaben stattfindet, definiert wie hoch die Förderung ausfallen kann oder ob überhaupt eine Förderung möglich ist. Gleiches gilt für die Unternehmensgröße. KMU bekommen auch bei Investitionen höhere Sätze als Konzerne.

Folgendes Beispiel soll der Veranschaulichung dienen: Ein KMU plant eine Investition in einem C-Fördergebiet nach der Einteilung der Gemeinschaftsaufgabe „Verbesserung der regionalen Wirtschaftsstruktur“. Der maximale Fördersatz kann bei bis zu 35 % der förderfähigen Kosten liegen. Würde ein Konzern am gleichen Ort, die gleiche Investition tätigen, läge der maximale Fördersatz bei zehn bis 15 %. Allerdings könnten beide Unternehmen trotzdem die gleiche maximale Fördersumme erhalten. Denn anders als der Förderhöchstsatz ist die maximale Fördersumme für alle Antragsteller gleich. Im Modul 3 des Förderprogramms „Energie- und Ressourceneffizienz in der Wirtschaft“ liegt die maximale Fördersumme bei 20 Mio. €. Der maximale Fördersatz für ein kleines Unternehmen beläuft sich auf 45 %. Für große Unternehmen liegt er bei 25 %. Um die maximale Fördersumme zu erhalten, müsste ein kleines Unternehmen etwa 44,5 Mio. € investieren. Ein großes Unternehmen müsste in diesem Fall 80 Mio. € investieren.

Die maximalen Fördersätze und Fördersummen bezogen auf bestimmte Vorhaben sind nicht einfach aus der Luft gegriffen. Sie basieren auf Werten, die in der AGVO festgelegt wurden. In der AGVO hat die Europäische Kommission die Maximalwerte festgelegt. Diese Werte übernehmen Bund und Länder normalerweise direkt in die Richtlinien. Das heißt jedoch nicht, dass diese Sätze zwangsläufig Anwendung finden. Sie beschreiben lediglich die Maximalsätze und -summen, die ein Fördergeber auszahlen darf. Schlussendlich liegt es im Ermessen des Fördergebers und dessen verfügbarem Budget, wie hoch die Förderung ausfällt. Es gibt keinen Anspruch auf Förderung. Genauso wenig gibt es einen Anspruch auf Intensität und Höhe der Förderung. In vielen Fällen führt auch die Kostenverteilung im Vorhaben dazu, dass der maximale Fördersatz nicht ausgeschöpft werden kann. Richtlinien unterscheiden zwischen unterschiedlichen Kostenarten, die wiederum mit verschiedenen Fördersätzen bezuschusst werden. Genaueres dazu erfahren Sie in Abschn. 2.4 und Abschn. 2.5. Werden die Fördersätze der einzelnen Kostenarten und die damit korrespondierenden Summen zusammengerechnet, kann es sein, dass diese sowohl unter der maximalen Fördersumme und der Summe, die den maximalen Fördersatz ausmacht, liegen. Dann ist trotzdem die Maximalförderung erreicht. Zusammenfassend heißt das: Die Förderhöhe hängt von drei Faktoren ab: Dem maximalen Fördersatz, der maximalen Förderhöhe und der maximalen Fördersätze der einzelnen Kostenarten. Wurde einer dieser Maximalwerte erreicht, ist die maximale Förderhöhe für ein Vorhaben erreicht.

Zuwendungsvoraussetzungen
Dieser Teil der Richtlinie spezifiziert, welche Voraussetzungen ein Antragsteller oder ein Vorhaben erfüllen müssen, um förderfähig zu sein. Diese können sich von Richtlinie zu Richtlinie unterscheiden. Einige grundsätzliche Voraussetzungen sind beispielsweise, dass mit dem Vorhaben vor Genehmigung der Förderung noch nicht begonnen worden sein darf, oder, dass das Vorhaben in der Bundesrepublik oder einem bestimmten Bundesland durchzuführen ist. Eine weitere, häufig in diesem Abschnitt zu finden Regelung betrifft Kooperationsprojekte. Alle Projektpartner sind verpflichtet, ihre Zusammenarbeit in einem Kooperationsvertrag festzuhalten. Des Weiteren finden sich in diesem Teil der Richtlinie häufig Angaben dazu, welche Informationen zum Vorhaben ein Antragsteller veröffentlichen muss.

Bei Richtlinien zur Wirtschaftsförderung finden sich in diesem Abschnitt meist Erklärungen dazu, welche Effekte das Vorhaben des Antragsstellers erzielen soll. Das können Arbeitsplatzeffekte, regionalwirtschaftliche Effekte oder Energie(effizienz)effekte sein. Grundsätzlich ist es das Ziel, neue Arbeitsplätze zu schaffen. Oft gibt es jedoch Zusatzanforderungen, wie viele Arbeitsplätze mindestens zu schaffen sind und wie diese Arbeitsplätze mit Blick auf Lohn- und Tarifstruktur aussehen müssen. Bei der Energiethematik kann es darum gehen, in die Produktion erneuerbarer Energie zu investieren oder die Energieeffizienz in der Produktion und von Gebäuden zu verbessern. Dem Abschnitt „Zuwendungsvoraussetzungen" kann sich ein weiterer Teil „sonstige Zuwendungsvoraussetzungen" anschließen. Dieser Abschnitt enthält spezifischere auf die Richtlinie zugeschnittene Angaben. Beim Studium einer Richtlinie sollten beide Kapitel aufmerksam gelesen werden. Selbst wenn ein Projekt inhaltlich passt und der Antragssteller nach der Richtlinie antragsberechtigt ist, kann ein Detail in diesen Abschnitten die Förderfähigkeit des Vorhabens ausschließen.

In machen Investitionsförderprogrammen findet sich noch ein dezidierter Passus zum Ausschluss oder der Einschränkung der Förderung. Dieses Kapitel taucht vorwiegend in Richtlinien zur Investitionsförderung auf. In anderen Programmen wird dieser Teil in den Kapiteln zu Zuwendungsvoraussetzungen oder Zuwendungsempfänger abgehandelt. Richtlinien zur GRW oder zur Bayerischen Regionalförderung weisen hier dezidiert die Wirtschaftssektoren aus, die nicht oder nur eingeschränkt förderfähig sind.

Verfahren
In diesem Teil der Richtlinie wird festgelegt, wie das Antrags- und Bewilligungsverfahren verläuft. Aufgeführt ist hier, sofern beteiligt, der zuständige Projektträger. Beim Projektträger handelt es sich um die vom Fördergeber mit der Umsetzung des Programms betraute Organisation. Genauere Angaben zu Projektträgern finden Sie in Abschn. 2.2. Anschließend wird das Antragsverfahren aufgeschlüsselt. Es ist ein- oder zweistufig. In seltenen Fällen gibt es dreistufige Antragsverfahren. Die Richtlinie beschreibt, welche Do-

kumente einzureichen sind und wo sich Vordrucke oder Mustergliederungen für diese Dokumente finden. Außerdem erklärt dieser Abschnitt, welche Dokumente wann, wo elektronisch oder postalisch einzureichen sind. Meist finden sich im Text auch Links zu Internetseiten des Projektträgers oder Ministeriums, auf denen die Dokumentenvorlagen oder weiterführende Informationen zu den verschiedenen Phasen und Anforderungen der Antragstellung zu finden sind. Dieses Kapitel verweist teilweise auf sogenannte Förderaufrufe. Nicht jedes Programm ist immer offen für Anträge. In manchen Programmen lassen sich nur dann Projekte einreichen, wenn es einen offenen Förderaufruf gibt. Die Einreichungsphasen dieser Förderaufrufe liegen im Bereich von einigen Wochen bis zu mehreren Monaten. Veröffentlicht werden sie im Bundesanzeiger und auf der Internetseite des zuständigen Ministeriums oder Projektträgers. Andere Förderprogramme arbeiten „hybrid". Es gibt Förderaufrufe, aber Unternehmen können auch außerhalb der Aufrufe Anträge stellen. Die Wahrscheinlichkeit, dass es dabei jedoch zu einer erfolgreichen Förderung kommt, ist eher gering. Denn, abseits der Förderaufrufe hat das Programm nicht unbedingt finanzielle Mittel zur Verfügung. Es gibt auch hier Ausnahmen. Manche Programme arbeiten gezielt mit Aufrufen, um spezielle Schlüsselthemen zu adressieren, sind jedoch grundsätzlich immer offen. Ob ein Programm nur aufrufbasiert arbeitet oder nicht, ist im Abschnitt „Verfahren" aufgeführt. Geht es um die Beantragung eines Vorhabens, ist es immer ratsam, entweder dezidierte Fördermittelexperten hinzuzuziehen oder zumindest mit dem zuständigen Projektträger in den Austausch zu treten. Ein mehrstufiges Antragsverfahren zu durchlaufen und schlussendlich einen vollständigen Antrag richtig einzureichen, ist ein komplexes Unterfangen. Unternehmen, die damit noch keine Erfahrungen gemacht haben, kann das überfordern.

Inkrafttreten, Außerkrafttreten

Dieser Abschnitt schließt die Förderrichtlinie in der Regel. Er besagt, dass die Richtlinie am Tag nach ihrer Verkündigung im Bundesanzeiger in Kraft tritt. Außerdem wird das Datum des Außerkrafttretens der Richtlinie genannt. Sollte sich die geltende AGVO, auf der die Richtlinie basiert, während der Laufzeit der Richtlinie ändern, kann es eine Übergangsfrist geben, in der noch nach der „alten" Richtlinie Anträge gestellt werden dürfen. Mit der Veröffentlichung und dem Inkrafttreten einer neuen AGVO müssen alle Richtlinien mit AGVO-Bezug angepasst werden. Der jeweilige Fördergeber veröffentlicht dann die aktualisierte Version im Bundesanzeiger. Das sollte man beim Studium einer Richtlinie beachten. Projekte sollten immer nach der aktuellen Version einer Richtlinie bewertet werden. Normalerweise sind die Änderungen von einer AGVO zur nächsten nicht gravierend. Auch kleine Änderungen können bei manchen Vorhaben dazu führen, Abb. 2.2 zeigt mögliche Prüfschemata, um den KMU-Status eines Unternehmens festzustellen.

Die hier aufgeführten Kapitel von Förderrichtlinien stellen keine abschließende Liste dar. Es gibt keine bindenden Vorgaben, welche Abschnitte eine Richtlinie aufweisen muss oder darf und wie sie zu nennen sind. Diese Auflistung zeigt häufig auftretende Abschnitte und erklärt, was sie normalerweise regeln. Die Reihenfolge kann sich ebenfalls von Richtlinie zu Richtlinie unterscheiden. Sollten Sie eine Richtlinie konsultieren, um ein Vorha-

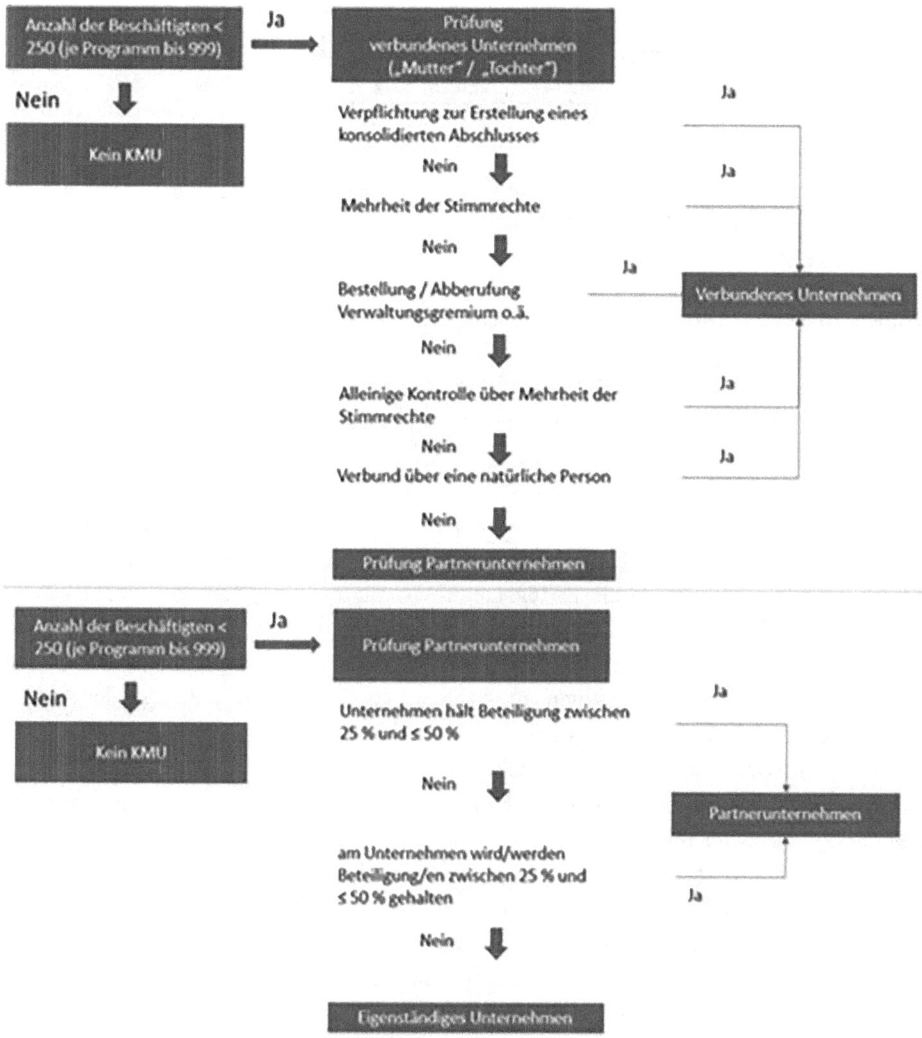

Abb. 2.2 Prüfschema für eine KMU-Prüfung

ben auf Förderfähigkeit in dieser Richtlinie zu überprüfen, bietet es sich immer an, die gesamte Richtlinie zu lesen. Gerade wer noch wenig bis keine Erfahrungen mit Förderungen hat, sollte den Text aufmerksam studieren, oder sich Unterstützung von Experten holen.

2.1.3 Unternehmen richtig klassifizieren

Im vorherigen Abschnitt fiel häufig das Akronym KMU. Nun möchten wir genauer darauf eingehen, welche Kriterien ein Betrieb erfüllen muss, um als Kleines und Mittleres Unter-

Tab. 2.1 KMU-Kriterien

Größe des Unternehmens	Zahl der Beschäftigten	Jahresumsatz in EUR	Jahresbilanzsumme in EUR
Kleinstunternehmen	maximal 9	maximal 2.000.000	maximal 2.000.000
Kleines Unternehmen	maximal 49	maximal 10.000.000	maximal 10.000.000
Mittleres Unternehmen	maximal 249	maximal 50.000.000	maximal 43.000.000

Die maximale Mitarbeiterzahl muss zutreffen. Bei Jahresbilanzsumme und Jahresumsatz muss nur eines von beiden zutreffen

nehmen zu gelten. Die KMU-Kriterien gehen auf eine Empfehlung der Europäischen Kommission vom 6. Mai 2003 zurück (vgl. Europäische Kommission, 2003). Die Kriterien betrachten die drei Bereiche: Zahl der Beschäftigten, Jahresumsatz und Jahresbilanzsumme. Die Zahl der Beschäftigten ist immer ein bindendes Kriterium. Bei Jahresumsatz und Jahresbilanzsumme muss lediglich einer der beiden Werte im Rahmen der KMU-Kriterien liegen. (s. Tab. 2.1)

Erfüllt ein Unternehmen die Anforderungen an die Mitarbeiterzahl einer der drei Kategorien und zusätzlich eine der Bilanzsummen- oder Umsatzanforderungen, zählt das Unternehmen förderrechtlich als KMU. Der KMU-Status bringt fördertechnisch einige Vorteile mit sich. KMU haben Zugang zu viel mehr Programmen als große Unternehmen. Außerdem bekommen sie in der Regel höhere Fördersätze. In Programmen, die sowohl KMU als auch großen Unternehmen offenstehen, wird im Zweifelsfall eher der Antrag eines KMU als der eines Konzerns bewilligt. Innerhalb des KMU-Status bringt auch die Aufteilung in Klein- und Kleinstunternehmen sowie mittlere Unternehmen förderspezifische Unterschiede mit sich. Klein- und Kleinstunternehmen bekommen teilweise noch höhere Fördersätze als mittlere Unternehmen.

Der KMU-Status kann verloren und wiedererlangt werden. Die KMU-Prüfung bezieht sich auf die letzten zwei angeschlossenen Geschäftsjahre. Ein Unternehmen, das den KMU-Status innehatte, dann aber aufgrund von Wachstum zwei Jahre in Folge die Kriterien nicht mehr erfüllte, verliert den Status. Würde dieses Unternehmen irgendwann zwei Jahre in Folge die KMU-Kriterien wieder erfüllen, erlangt es den Status zurück. Auch wenn ein Unternehmen die KMU-Kriterien erfüllt, kann es passieren, dass ihm der KMU-Status nicht zuerkannt wird: Nämlich dann, wenn das Unternehmen nachweislich Zugriff auf erhebliche zusätzliche Ressourcen hat. Um eine adäquate Prüfung durchführen zu können, gilt es zuerst die gesellschaftsrechtliche Struktur des Unternehmens zu untersuchen: Handelt es sich um ein eigenständiges Unternehmen, ein Partnerunternehmen oder ein verbundenes Unternehmen.

Eigenständiges Unternehmen: Ein Unternehmen zählt dann als eigenständig, wenn es mit keinem anderen verflochten ist. Das bedeutet, es hält an keinem anderen Unternehmen mehr als 25 % des Kapitals oder der Stimmrechte. Und kein anderes Unternehmen hält an ihm mehr als 25 % des Kapitals oder der Stimmrechte.

Partnerunternehmen: Um ein Partnerunternehmen handelt es sich, wenn das Unternehmen zwischen 25 % und 50 % des Kapitals und/oder der Stimmrechte an einem anderen Unternehmen hält. Und wenn ein anderes Unternehmen zwischen 25 % und 50 % des Kapitals oder der Stimmrechte an ihm hält.

Verbundenes Unternehmen: Als verbunden gilt ein Unternehmen, wenn es mehr als 50 % des Kapitals oder der Stimmrechte an einem anderen Unternehmen hält. Oder wenn ein anderes Unternehmen mehr als 50 % des Kapitals oder der Stimmrechte an ihm hält.

Bei Partnerunternehmen und verbundenen Unternehmen zählen die Anzahl der Mitarbeiter, der Jahresumsatz und die Jahresbilanzsumme teilweise oder ganz zusammen. Handelt es sich um Partnerunternehmen, rechnet man die drei Faktoren proportional zum Grad der Beteiligung an. Bei verbundenen Unternehmen zählen Mitarbeiterzahl, Jahresumsatz und Jahresbilanzsumme ganz dazu. Dazu einige Rechenbeispiele: Die ABCD GmbH hat 100 Mitarbeiter, einen Jahresumsatz von 20 Mio. € und eine Jahresbilanzsumme von zehn Millionen Euro. Die EFGH GmbH ist zu 30 % an ABCD beteiligt. EFGH hat 300 Mitarbeiter, einen Jahresumsatz von 60 Mio. € und eine Jahresbilanzsumme von 30 Mio. €. In der KMU-Bewertung wird die ABCD GmbH somit als Unternehmen mit 190 Mitarbeitern (100 + 300 * 30 %), einem Jahresumsatz von 38 Mio. € (20 + 60 * 30 %) und einer Jahresbilanzsumme von 19 Mio. € (10 + 30 * 30 %) bewertet. Das Unternehmen zählt weiterhin als KMU. Nun erwirbt ABCD 80 % der Anteile an der IJKL GmbH. Sie hat 50 Mitarbeiter, einen Jahresumsatz von zehn Millionen Euro und eine Jahresbilanzsumme von sechs Millionen Euro. Nun wird ABCD als Unternehmen mit 240 Mitarbeitern (190 + 50), einem Jahresumsatz von 48 Mio. € (38 + 10) und einer Jahresbilanzsumme von 25 Mio. € (19 + 6) eingestuft. Das Unternehmen ist weiterhin ein KMU. Wirtschaftlich läuft es gut für die ABCD GmbH. Das Unternehmen baut 15 weitere Stellen auf. Damit kommt es auf 255 Mitarbeiter. Hält es diese Zahl für zwei Jahre oder wächst weiter, verliert es den KMU-Status. Genauso könnte auch die Zahl der Mitarbeiter der EFGH GmbH ansteigen. Würde dieses Unternehmen 33 zusätzliche Stellen aufbauen würden der ABCD GmbH auch über 250 Mitarbeiter angerechnet. Alternativ könnte IJKL GmbH um zehn Angestellte wachsen, damit ABCD über dem KMU-Status liegt. Wachsen nur die Umsätze oder die Bilanzsumme eines der drei oder aller drei Unternehmen, könnte ABCD ebenfalls den KMU-Status verlieren. Allerdings müssten dafür sowohl der kombinierte Jahresumsatz als auch die kombinierte Jahresbilanzsumme über 50 Mio. €, respektive 43 Mio. € steigen. Wahrscheinlicher ist da, dass die Anzahl der Mitarbeiter das KO-Kriterium für den KMU-Status liefert.

Doch wie setzt sich die Mitarbeiterzahl für die KMU-Bewertung überhaupt zusammen? Zu den Mitarbeitern zählen Vollzeit-, Teilzeit- und Zeitarbeitskräfte sowie Saisonpersonal. Definiert sind sie als Lohn- und Gehaltsempfänger oder für das Unternehmen tätige Personen, die zu ihm entsandt wurden und nach nationalem Recht als Arbeitnehmer gelten. Mitarbeitende Eigentümer sind ebenfalls in die Bewertung einzurechnen. Teilhaber, die im Unternehmen eine regelmäßige Tätigkeit ausüben und finanzielle Vorteile aus dem Unternehmen ziehen, sind auch zu berücksichtigen. Auszubildende oder sonstiges Personal mit einem Lehr- oder Berufsausbildungsvertrag werden nicht berücksichtigt: Ebenso wenig Mitarbeiter, die sich im Mutterschafts- oder Elternurlaub befinden.

Der Jahresumsatz berechnet sich aus den Einnahmen, welche ein Unternehmen im Rahmen seiner regulären Tätigkeiten über den Verkauf von Produkten oder das Erbringen von Dienstleistungen erwirtschaftet hat. Die Umsatzsteuer oder andere indirekte Steuern dürfen in der Berechnung nicht enthalten sein. Etwaige Minderungen des Erlöses, beispielsweise durch Rückerstattungen, sind außerdem abzuziehen. Die Jahresbilanzsumme beschreibt die Hauptvermögenswerte des Unternehmens. Zur Berechnung der KMU-Schwellenwerte wird immer der zuletzt durchgeführte Jahresabschluss herangezogen. Überschreitet ein Unternehmen die KMU-Schwellenwerte in zwei aufeinanderfolgenden Jahren, verliert es den KMU-Status.

Egal ob KMU oder Großunternehmen, herrscht finanzielle Schieflage, sind Unternehmen grundsätzlich von der Förderung ausgeschlossen. Diese Regelung greift dann, wenn ein Betrieb als Unternehmen in Schwierigkeiten gilt. Dazu muss ein Unternehmen einer der folgenden Bedingungen erfüllen:

- Eine Gesellschaft mit beschränkter Haftung hat mehr als die Hälfte ihres gezeichneten Stammkapitals infolge aufgelaufener Verluste verloren.
- Bei Gesellschaften, in denen einige Gesellschafter unbeschränkt für die Schulden der Gesellschaft haften, ist mehr als die Hälfte des in den Geschäftsbüchern ausgewiesene Stammkapital infolge aufgelaufener Verluste verlorengegangen.
- Das Unternehmen ist Gegenstand eines Insolvenzverfahrens oder erfüllt die im innerstaatlichen Recht vorgesehenen Voraussetzungen für die Eröffnung eines Insolvenzverfahrens auf Antrag seines Gläubigers.
- Das Unternehmen hat eine Rettungsbeihilfe bekommen und der Kredit ist noch nicht zurückgezahlt oder die Garantie ist noch nicht erloschen.
- Das Unternehmen hat eine Umstrukturierungsbeihilfe erhalten und unterliegt noch dem Umstrukturierungsplan.
- Bei einem Unternehmen ohne KMU-Status liegt der buchbasierte Verschuldungsgrad über 7,5 % und das Verhältnis von EBITDA zu den Zinsaufwendungen unter 1,0.

Hat ein Unternehmen in der Vergangenheit eine Förderung bekommen, die im Nachhinein von der Europäischen Union als nicht mit dem Binnenmarkt vereinbar eingestuft wurde, und ist der Rückforderungsanordnung für diese Förderung nicht nachgekommen, ist eine Förderung ebenfalls ausgeschlossen.

Bevor Unternehmen also konkret nach Förderprogrammen suchen, um eines ihrer Vorhaben mit öffentlichen Mitteln zu subventionieren, bietet es sich an, wenn nicht schon geschehen, zuerst eine KMU-Prüfung des eigenen Unternehmens durchzuführen. In vielen Fällen ist direkt klar, ob ein Unternehmen den KMU-Status innehat oder nicht. Bei weit verzweigten Gesellschaftsstrukturen kann die KMU-Prüfung durchaus komplex werden.

Schlussfolgerung

Mit der Allgemeinen Gruppenfreistellungsverordnung (AGVO) hat die Europäische Union dem Förderwesen auf dem EU-Gebiet einen rechtlichen Rahmen gegeben. Die

EU-Mitgliedsstaaten können basierend auf den Regelungen der AGVO eigene Förderprogramme aufsetzen, ohne sie individuell von der Europäischen Kommission genehmigen zu lassen. Entspricht ein Förderprogramm den Vorgaben der AGVO gilt es als mit EU-Recht vereinbar. Entspricht eine Richtlinie nicht der AGVO, muss sie das betreffende Land dezidiert mit der EU abstimmen und freigeben lassen. Diese Regelung soll dazu beitragen, dass EU-Mitgliedsstaaten über ihre Förderinitiativen nicht den Wettbewerb am europäischen Binnenmarkt verfälschen.

EU-Mitgliedsstaaten haben das Recht, eigene Förderrichtlinien aufzustellen. Diese folgen meist einem ähnlichen Aufbau. Richtlinien sind jedoch vom Status her keinen Gesetzestexten gleichzusetzen. Aus Förderrichtlinien erwächst kein rechtlicher Anspruch auf Förderung. Das Ministerium, welches die Richtlinie erstellte oder der Projektträger, welcher sie umsetzt, verwalten das Budget und entscheiden darüber, welche Projekte gefördert werden.

Nicht jede Förderung steht jedem Unternehmen offen. Ob ein Unternehmen als KMU oder großes Unternehmen einzustufen ist, kann darüber entscheiden, ob es förderfähig ist oder nicht. Von der EU festgelegte KMU-Kriterien liegen dieser Einstufung zugrunde.

2.2 Ministerien und Projektträger: Aufgaben, Instrumente, Befugnisse

Öffentliche Förderungen finanzieren sich über Steuergelder. Budgetiert werden sie dementsprechend von Ministerien. Die Verwaltung der Gelder übernimmt ein vom Ministerium bestimmter Projektträger. In diesem Abschnitt erklären wir, welche Stellung Ministerien und Projektträger im Förderwesen einnehmen und wie sie zueinander stehen.

Die deutschen Bundes- und Landesministerien haben übergeordnete Pläne und Ideen, um bestimmte Ziele zu erreichen. Dabei können sie über Gesetze und Regularien direkten Einfluss nehmen. Allerdings gibt das in erster Linie den Rahmen vor, in dem anschließend Akteure aus Wirtschaft und Gesellschaft agieren. Geht es beispielsweise um den strukturellen Wandel, die Emissionsreduzierung in Industrie, Mobilität und dem Gebäudesektor oder um das Vorantreiben bestimmter Schlüsseltechnologien, kann die Politik in erster Linie indirekt Einfluss nehmen. Ein probates Mittel dafür sind Förderungen. Mit Subventionen können Ministerien notwendige Investitionen anregen, um ihre wirtschafts-struktur- und gesellschaftspolitischen Ziele umzusetzen. Dabei geht es nicht darum Unternehmen zu finanzieren, sondern über gezielte Zuschüsse die Risiken einer Investition besser kontrollierbar zu machen und Betriebe dazu zu bewegen, diese Investition auszulösen. Deswegen werden Vorhaben von Unternehmen immer nur bis zu einem bestimmten Prozentsatz gefördert. Lediglich Universitäten und sonstige staatliche Forschungseinrichtungen können zu 100 % bezuschusst werden.

Ministerien bekommen über den Bundeshaushalt bestimmte Budgets zugeteilt. Daraus speisen sich auch die Förderprogramme des betreffenden Ministeriums. Die Ministerien legen Budgets für Förderungen jedoch nicht immer nur auf ein Jahr fest. Manche Programme sind auf mehrere Jahre geplant, budgetiert und garantiert finanziert. Diese Programme sind von plötzlichen wirtschafts- und finanzpolitischen Herausforderungen meist nicht betroffen. Bei kurzfristiger budgetierten Programmen kann es jedoch zu Antrags- und Zuwendungsstopps kommen. Im Zuge der Haushaltssperre, die Ende des Jahres 2023 verhängt wurde, traf das auf mehrere Förderprogramme zu. Da es kein Anrecht auf Förderung gibt und die Ministerien die Zuschüsse freiwillig vergeben, sind solche Vorgänge immer möglich. Umfassende Programme wie die GRW betrifft so etwas in der Regel jedoch nicht. Diese Strukturförderung ist auf mehrere Jahre geplant, angelegt und budgetiert. Probleme können sich hier jedoch über die Richtlinie und damit über die konkrete Umsetzung des Programms ergeben. Förderungen wie die GRW gehen vom Bund aus, werden jedoch von den Ländern umgesetzt. Der Bund gibt mit dem sogenannten Koordinierungsrahmen die Regeln vor, nach der die Länder fördern dürfen. Es liegt bei den Ländern, aus diesem Rahmen eine konkrete Richtlinie abzuleiten und zu verfassen. Es kann vorkommen, dass eine Landesregierung es nicht in der vorgegebenen Übergangsfrist von einem Jahr schafft, zu einem neuen Koordinierungsrahmen eine neue Richtlinie zu verfassen. Dann gilt zwar trotzdem der neue Koordinierungsrahmen und Unternehmen können auch Anträge im Land stellen. Gelder lassen sich allerdings erst ausschütten, wenn das Land eine Richtlinie umgesetzt hat.

Abseits von Richtlinien, Koordinierungsrahmen und Budgetierungen sind die Ministerien weniger in den eigentlichen Förderprozess involviert. Schlussendlich müssen sie natürlich Anträge abschließend genehmigen und Gelder freigeben. Die eigentliche Umsetzung der Richtlinien und Koordinierung mit Antragstellung sowie die Bewertung der Vorhaben auf technischer und kaufmännischer Ebene, übernimmt ein Projektträger. Der Projektträger wird vom Ministerium bestimmt. Antragsteller stimmen sich über ein Vorhaben mit dem Projektträger ab und erarbeiten alle für den Antrag notwendigen Dokumente. Hat der Projektträger den Antrag bewertet, gibt er dem zuständigen Ministerialbeamten die Freigabe, das Projekt zu fördern. Der Zuwendungsbescheid kommt vom Ministerium. Das zuständige Ministerium behält sich außerdem das Recht vor, das antragstellende Unternehmen zu prüfen, um sicherzustellen, dass die ausgezahlten Zuschüsse für den vorgesehenen Zweck verwendet werden. Verstößt ein Unternehmen gegen Auflagen der Förderung hat das Ministerium das Recht, getätigte Zahlungen teilweise oder ganz zurückzufordern.

Unternehmen haben jedoch in der Regel in erster Linie mit dem zuständigen Projektträger zu tun. Die Projektträger sind so etwas wie die Exekutive des Förderwesens. Sie wickeln die Förderprogramme, welche Ministerien ins Leben rufen, ab. Das heißt, sie kümmern sich um die Bewertung der Anträge auf Förderung, geben Empfehlungen an die beauftragende Stelle, welche Vorhaben gefördert werden sollen und verwalten die Finanzmittel, welche für ein Förderprogramm abgestellt werden. In Ausnahmen verfügen Projektträger auch selbst über eine Beleihungshoheit und können eigenständig Finanzmittel ausschütten. Normalerweise tun sie das jedoch im Namen eines Ministeriums oder sonstigen Auftraggebern.

Projektträger stellen die Gutachter, welche die geplanten Vorhaben von Unternehmen anhand ihrer Eignung für ein bestimmtes Förderprogramm bewerten. Dabei werden die

Projekte sowohl von betriebswirtschaftlichen als auch von technischen Gutachtern geprüft. In besonderen Fällen kann ein Projektträger auch externe Gutachter hinzuziehen.

Es gehört außerdem zu den Aufgaben des Projektträgers darauf zu achten, dass die ausgeschütteten Gelder richtig verwendet werden. Unternehmen, welche einen Zuwendungsbescheid erhalten, müssen über Verwendungsnachweise belegen, was sie mit den abgerufenen Zuschüssen angefangen haben. Zwischenberichte der Zuwendungsempfänger geben dem Projektträger Aufschluss darüber, wie sich ein Vorhaben entwickelt und ob alles nach Plan läuft. Auch nach Projektende ist die Zusammenarbeit des Projektträgers und eines geförderten Unternehmens nicht direkt beendet. Bis drei Jahre nach Ende des bezuschussten Vorhabens informiert das Unternehmen den Projektträger jährlich über die wirtschaftliche Verwertung der Projektergebnisse. Eine gute Zusammenarbeit mit dem Projektträger ist essenziell, um ein gefördertes Projekt reibungslos abzuwickeln. Diese Zusammenarbeit beginnt bestenfalls schon früh in der Einreichungsphase. Über ein Ideenpapier können potenzielle Antragsteller beim Projektträger in Erfahrung bringen, ob ihr Vorhaben im angestrebten Programm förderfähig ist. Im weiteren Verlauf der Beantragung kann der Projektträger weiterhin ein wertvoller Ansprechpartner sein, um alle notwendigen Dokumente und Informationen richtig zusammenzustellen. Auf den Internetseiten der Projektträger finden sich außerdem hilfreiche Merkblätter und Dokumentenvorlagen, die man für die Antragstellung benötigt.

Bundes- und Landesministerien können ihre Projektträger selbstständig bestimmen. Normalerweise wählen sie einen der etablierten Projektträger auf Bundes- oder Landesebene aus. Ministerien können auch neue Projektträger bestimmen. Wer sich intensiver mit der deutschen Förderlandschaft auseinandersetzt, wird häufig auf die gleichen Namen stoßen. Hier möchten wir Ihnen einige der etablierten Projektträger kurz vorstellen. Diese Liste hat keinen Anspruch auf Vollständigkeit und soll lediglich einen Überblick über einige bekannte Projektträger geben:

Projektträger Jülich (PtJ): Von allen deutschen Projektträgern ist der PtJ der aktivste. Die Institution mit Sitz im nordrheinwestfälischen Jülich begleitet über 35.000 Vorhaben und verwaltet aktuell etwa 3,6 Mrd. € an Fördergeldern. Zu den Auftraggebern des PtJ gehören neben Bundesministerien wie dem BMWK, BMBF und BMUV auch Landesministerien wie die Wirtschafts- und Energieministerien der Bundesländer Bayern und Nordrhein-Westfalen oder das Wissenschaftsministerium von Baden-Württemberg. Der PtJ setzt in Deutschland auch Programme der EU-Kommission um. Die Hauptgeschäftsfelder des PtJ sind Energie und Klima, Nachhaltige Entwicklung und Innovation sowie Forschung und Gesellschaft in NRW.

VDI/VDE Innovation: Die VDI/VDE Innovation+Technik GmbH ist ein weiterer Projektträger von Bundes- und Landesministerien sowie der EU-Kommission. Die Institution mit Sitz in Berlin ist in den Themenbereichen Natur-, Sozial-, Wirtschafts-, Ingenieurs-, Gesellschafts-, Verwaltungs- und Rechtswissenschaften tätig. Der Projektträger arbeitet neben den einschlägigen Bundesministerien und der Europäischen Kommission auch für einige Landesministerien in Sachsen und Baden-Württemberg sowie für das Umweltbundesamt.

DLR-Projektträger: Der DLR-Projektträger ist Teil des Deutschen Instituts für Luft- und Raumfahrt. Die Organisation mit Sitz in Bonn betreut über 15.000 Vorhaben und verwaltet mehr als zwei Milliarden Euro an Fördergeldern. Zu den Themenbereichen des Projektträgers gehören Bildung, Chancengleichheit, Gesundheit, Gesellschaft, Innovation, Technologie, Umwelt und Nachhaltigkeit. Der DLR-Projektträger ist primär für Bundesministerien tätig. Neben Ministerien betreut er auch Programme von Stiftungen wie der Baden-Württemberg-Stiftung oder der Konrad-Adenauer-Stiftung.

Bundesamt für Wirtschaft und Ausfuhrkontrolle (BAFA): Das BAFA kümmert sich als Projektträger um eine eher überschaubare Anzahl an Programmen. Zu nennen sind die zwei großen: Bundesförderung für energieeffiziente Gebäude und Bundesförderung für Energie- und Ressourceneffizienz in der Wirtschaft. Beide Programme sind jedoch umfangreich anwendbar. Gemeinsam sollen sie die Energieeffizienz des Gebäudesektors und der Industrie in Deutschland verbessern und die Treibhausgasemissionen insgesamt senken. Der Umweltbonus zur Förderung von Elektrofahrzeugen war ebenfalls beim BAFA untergebracht. Bei der Förderung von Effizienzmaßnahmen für Wohn- und Nichtwohngebäude teilt sich das BAFA die Zuständigkeit mit der Kreditanstalt für Wiederaufbau.

Förderbanken: Die Struktur- und Wirtschaftsförderung wird auf Landesebene häufig von der jeweils zuständigen Förderbank abgewickelt. Jedes Bundesland unterhält eine solche Förderbank. Diese Banken zahlen hauptsächlich zinsverbilligte Kredite aus. Die GRW-Förderung in den jeweiligen Bundesländern läuft ebenfalls über die Förderbanken. Mit der Kreditanstalt für Wiederaufbau (KfW) und der Landwirtschaftlichen Rentenbank gibt es auch zwei Förderbanken im Bund. Folgende Institutionen existieren in den Bundesländern. (s. Tab. 2.2)

Tab. 2.2 Förderbanken der Bundesländer

Baden-Württemberg	Landeskreditbank Baden-Württemberg (L-Bank)
Bayern	LfA Förderbank Bayern
Berlin	Investitionsbank Berlin (IBB)
Brandenburg	Investitionsbank des Landes Brandenburg (ILB)
Bremen	Bremer Aufbau-Bank (BAB)
Hamburg	Hamburgische Investitions- und Förderbank (IFB)
Hessen	Wirtschafts- und Infrastrukturbank Hessen (WIBank)
Mecklenburg-Vorpommern	Landesförderinstitut Mecklenburg-Vorpommern
Niedersachsen	Investitions- und Förderbank Niedersachsen (NBank)
Nordrhein-Westfalen	NRW.Bank
Rheinland-Pfalz	Investitions- und Strukturbank Rheinland-Pfalz (ISB)
Saarland	Saarländische Investitionskreditbank (SIKB)
Sachsen	Sächsische Aufbaubank (SAB)
Sachsen-Anhalt	Investitionsbank Sachsen-Anhalt (IB)
Schleswig-Holstein	Investitionsbank Schleswig-Holstein (IB.SH)
Thüringen	Thüringer Aufbaubank (TAB)

Neben der Umsetzung der Förderprogramme bieten Projektträger auch Beratungsleistungen zu ihren Förderungen an. Sie helfen bei Verständnisfragen zu Richtlinien oder der Einstufung von Projekten als förderfähig oder nicht förderfähig. Da sie maßgeblich an der Entscheidung, ob ein Projekt gefördert wird oder nicht beteiligt sind, ist es sinnvoll, sich mit Projektträgern gut zu stellen. In der Regel wollen sie Projekte fördern und helfen gerne bei etwaigen Fragestellungen. Auch nach der Ausstellung des Zuwendungsbescheids geht die Zuständigkeit des Projektträgers weiter. Der Projektträger überprüft auch, ob der Antragsteller die ausbezahlten Mittel richtig verwendet. Dazu fragt er Verwendungsnachweise und Zwischenberichte ab. Am Ende der Projektlaufzeit ist dann ein Abschlussbericht für den Projektträger zu verfassen.

2.2.1 NKBF: Nebenbestimmungen für Zuwendungen auf Kostenbasis

Werden einem Unternehmen Zuschüsse im Rahmen eines Zuwendungsbescheids zugeteilt, sind diese an bestimmte Bedingungen geknüpft. Bei den Zuschüssen handelt es sich um Steuergelder. Der Fördergeber möchte sicherstellen, dass diese Gelder für den vorgesehenen Zweck Verwendung finden. Die Auflagen dafür finden sich in den sogenannten Nebenbestimmungen für Zuwendungen auf Kostenbasis (NKBF). Unternehmen, die eine Förderung erhalten, sollten ein grundlegendes Verständnis davon haben, was die NKBF beinhalten. Deswegen geben wir Ihnen hier einen Überblick. Die NKBF sind in sechs Abschnitte aufgeteilt:

Durchführung des Vorhabens
Die ausbezahlten Zuschüsse dürfen nur verwendet werden, um den im Zuwendungsbescheid festgelegten Zweck zu erfüllen. Außerdem sind sie wirtschaftlich sparsam einzusetzen. Sollte es zu einer Abweichung vom im Antrag aufgestellten Arbeitsplan kommen – was sich auf die Zweckbindung der Zuschüsse auswirken kann – muss dafür eine schriftliche Zustimmung des Zuwendungsgebers eingeholt werden. Gerade bei Forschungs- und Entwicklungsprojekten kann es passieren, dass sich Arbeitspakete aufgrund neuer Erkenntnisse ändern. Dementsprechend gilt es möglicherweise die Kostenstruktur anzupassen. An sich ist das kein Problem, solange es mit dem Fördergeber abgesprochen und schriftlich genehmigt wurde.

Des Weiteren ist der Zuwendungsempfänger dazu verpflichtet den Fördergeber unverzüglich zu informieren, wenn der Zuwendungszweck unerreichbar wird. Geförderte Vorhaben sind mit gewissen technischen, wissenschaftlichen oder wirtschaftlichen Risiken verbunden. Das ist ein Hauptkriterium für die Förderfähigkeit eines Projekts. Diese Risiken können dazu führen, dass sich während der Projektlaufzeit abzeichnet, dass das Vorhaben nicht erfolgreich zum angestrebten Ziel geführt werden kann. Davon ist der Zuwendungsgeber in Kenntnis zu setzen, damit er zukünftige Zahlungen einstellen kann und das Projekt vorzeitig zum Ende geführt wird. Die bis dahin ausbezahlten Zuschüsse beeinflusst diese Regelung nicht, sofern der Zuwendungsempfänger sie richtig abgerechnet und verwendet hat. Sollte der Antragsteller erfahren, dass sein angestrebtes Vorhabenergebnis bereits von Dritten erreicht wurde oder Schutzrechte, beziehungsweise Patente Dritter dem Zuwendungszweck entgegenstehen, hat er den Fördergeber ebenfalls umgehend zu informieren.

Finanzierung des Vorhabens

Teil eines Antrags auf Förderung ist eine Kostenkalkulation. Diese Kalkulation der verschiedenen Kostenarten ist die Basis für die Berechnung des Fördersatzes und der Fördersumme. Bei Genehmigung des Antrags ist sie bindend. Einzelkostensätze innerhalb der Kalkulation dürfen sich während der Projektlaufzeit um maximal 20 % erhöhen. Weitere Erhöhungen bedürfen der Zustimmung des Fördergebers. Die Gesamtkosten müssen gleichbleiben. Steigen die Gesamtkosten des Vorhabens gegenüber der Vorkalkulation, trägt der Antragsteller diese Kosten selbst. Die Fördersumme nachträglich zu erhöhen ist ausgeschlossen. Änderungen von Einzelkostensätzen im Vorhaben sind unabhängig ihrer Höhe nur dann gültig, wenn sich zur erfolgreichen Durchführung des Projekts notwendig sind.

Ermäßigen sich die in der Vorkalkulation angegebenen Gesamtkosten, verringert sich die Förderung. Das gilt auch, wenn der Antragsteller zusätzliche Förderungen für das Vorhaben erhält oder mit Projektinhalten während der Laufzeit Einnahmen erzielt. Gegenstände, die zur Erfüllung des Zuwendungszwecks erworben oder hergestellt und im Rahmen der zuwendungsfähigen Kosten abgeschrieben werden, sind ausschließlich für den Zuwendungszweck zu verwenden.

Viele Antragsteller vergeben bestimmte Projekttätigkeiten als Auftrag an Dritte, weil sie die dafür notwendigen Kompetenzen und Infrastrukturen nicht selbst besitzen. Dabei ist darauf zu achten, dass der Auftragnehmer ein fachkundiger, leistungsfähiger und zuverlässiger Anbieter der angestrebten Dienstleistung ist. Das ist normalerweise kein Problem, da viele Unternehmen langjährige Partnerschaften zu fachspezifischen Dienstleistern unterhalten. Etablierte Forschungseinrichtungen wie Hochschulen oder Forschungsinstitute fallen auch in diese Kategorie.

Der Fördergeber zahlt die Zuschüsse immer nachträglich aus. Beim Zuwendungsempfänger müssen Kosten entstehen, für die er in Vorleistung geht. Erst nach Verausgabung kann die Zuwendung anteilig erfolgen. In der Regel zahlt der Zuwendungsgeber die Förderung halbjährlich aus. Dabei behält er stets eine Abschlusszahlung von mindestens 5 % der Zuwendung bis zur formgerechten und vollständigen Einreichung des Verwendungsnachweises ein. Sind Überzahlungen nach dem Ende des Projekts aufgelaufen, weil die tatsächlich entstandenen förderfähigen Kosten bei einer nachträglichen Prüfung durch die bewilligende Stelle gesunken sind, sind Überzahlung inklusive Zinsen unverzüglich zurückzuzahlen. Sollte gegen den Zuwendungsempfänger während der Projektlaufzeit ein Insolvenzverfahren eröffnet werden, muss er den Fördergeber darüber außerdem umgehend informieren.

Rechte an Ergebnissen und an der Verwertung

Eigentumsrechte, Schutzrechte und Urheberrechte, die aus dem Vorhaben hervorgehen, stehen dem Zuwendungsempfänger zu. Kommt die Förderung vom Bund oder einem Bundesland, sollte die Verwertung möglichst dort stattfinden. Bei einer Verwertung außerhalb des europäischen Wirtschaftsraums und der Schweiz muss der Antragsteller eine Genehmigung des Fördergebers einholen. Die Verwertungsrechte des Zuwendungsempfängers beinhalten:

- Entwicklung, Herstellung und Vertrieb neuer oder verbesserter Produkte und Dienstleistungen
- Einsatz neuer oder verbesserter Verfahren bei der Fertigung von Produkten beziehungsweise Erstellung von Dienstleistungen
- Vergabe von Lizenzen an Dritte
- Weitergabe von Knowhow
- Anschlussfähigkeit an weitere FuE-Vorhaben

Nachweis und Prüfung der Verwendung

Der Zuwendungsgeber hat ein Recht zu erfahren, wie die ausbezahlten Zuschüsse verwendet wurden. Der Zuwendungsempfänger muss deswegen innerhalb von sechs Monaten nach Erfüllung des Zuwendungszwecks einen Verwendungsnachweis erbringen. Zusätzlich ist noch ein Sachbericht anzufertigen. Neben den Informationen zur Verwendung der Fördergelder sind im Sachbericht die bisher erzielten Ergebnisse im Vorhaben aufzuführen und den angestrebten Zielen gegenüberzustellen. So soll der Antragsteller den Nachweis erbringen, dass er tatsächlich zielgerichtet im Vorhaben arbeitet. Alle Unterlagen, welche mit der Förderung zusammenhängen, müssen fünf Jahre aufbewahrt werden. Gibt es für bestimmte Dokumente längere gesetzliche Aufbewahrungspflichten sind diese unabhängig der fünf Jahre einzuhalten. Der Zuwendungsgeber oder dessen übergeordnete Stellen, beispielsweise der Bundesrechnungshof, haben das Recht Bücher, Belege und sonstige Geschäftsunterlagen sowie die Verwendung der Zuschüsse zu prüfen. Dazu dürfen diese Stellen auch Vertreter benennen, die die Prüfung in ihrem Namen durchführen. Die Prüfung findet vor Ort beim Zuwendungsempfänger statt.

Veröffentlichungen

Zuschüsse finanzieren sich aus öffentlichen Mitteln. Somit hat die Öffentlichkeit ein Recht darauf gewisse Informationen zu den Vorhaben zu bekommen, die mit ihren Steuergeldern gefördert werden. Der Fördergeber darf deswegen bestimmte Informationen über das Projekt veröffentlichen. Dazu zählen:

- Das Thema des Vorhabens
- Der Zuwendungsempfänger und die ausführende Stelle

- Der Projektleiter
- Der Bewilligungszeitraum
- Die Höhe der Zuwendung

Ist ein Vorhaben abgeschlossen, sind dessen Ergebnisse innerhalb von neun Monaten Interessierten beispielsweise über Fachzeitschriften oder Kongresse zugänglich zu machen. Dabei muss die Informationstiefe mindestens der des Sachberichts zum Verwendungsnachweis entsprechen. Veröffentlicht der Zuwendungsempfänger Informationen zum Projekt, hat er an geeigneter Stelle darauf hinzuweisen, durch welches Ministerium das Vorhaben gefördert wurde. Das entsprechende Logo stellt das Ministerium zur Verfügung. Plant ein Zuwendungsempfänger im Rahmen des Vorhabens gewerbliche Schutzrechte anzumelden, darf er die Ergebnisse des Projekts erst danach veröffentlichen.

Aufhebung des Zuwendungsbescheids, Folgen der Nichtbeachtung von Pflichten
Der Fördergeber darf Zuwendungsbescheide in bestimmten Fällen widerrufen, beispielsweise wenn der Zuwendungszweck nicht erreichbar ist. Zwingende Gründe können dazu führen, dass der Bescheid widerrufen oder die Förderung teilweise beziehungsweise ganz eingestellt wird. Ein zwingender Grund kann ein Haushaltsstopp sein, oder die Erkenntnis, dass der Bescheid unter falschen Voraussetzungen ausgestellt wurde. Hält der Zuwendungsempfänger Fristen nicht ein, kann auch ein Widerruf des Bescheids drohen.

2.2.2 Exkurs Subventionsbetrug

Zuschüsse gelten rechtlich als Subventionen im Sinne von § 264 Strafgesetzbuch (StGB). § 264 regelt außerdem den Tatbestand Subventionsbetrug. Subventionsbetrug ist in Deutschland kein Kavaliersdelikt und kann in schweren Fällen mit bis zu zehn Jahren Freiheitsstrafe geahndet werden. Normalerweise ahndet die Justiz Subventionsbetrug mit Geldstrafen oder Freiheitsstrafen von bis zu fünf Jahren. Und zwar wenn (vgl. 264 StGB):

- einer für die Bewilligung einer Subvention zuständigen Behörde oder einer anderen in das Subventionsverfahren eingeschalteten Stelle oder Person (Subventionsgeber) über subventionserhebliche Tatsachen für sich oder einen anderen unrichtige oder unvollständige Angaben macht, die für ihn oder den anderen vorteilhaft sind,
- einen Gegenstand oder eine Geldleistung, deren Verwendung durch Rechtsvorschriften oder durch den Subventionsgeber im Hinblick auf eine Subvention beschränkt ist, entgegen der Verwendungsbeschränkung verwendet,
- den Subventionsgeber entgegen den Rechtsvorschriften über die Subventionsvergabe über subventionserhebliche Tatsachen in Unkenntnis lässt oder
- in einem Subventionsverfahren eine durch unrichtige oder unvollständige Angaben erlangte Bescheinigung über eine Subventionsberechtigung oder über subventionserhebliche Tatsachen gebraucht.

In besonders schweren Fällen kann die maximal mögliche Freiheitsstrafe bis auf zehn Jahre ansteigen. Das ist der Fall, wenn der Täter:

- aus grobem Eigennutz oder unter Verwendung nachgemachter oder verfälschter Belege für sich oder einen anderen eine nicht gerechtfertigte Subvention großen Ausmaßes erlangt,
- seine Befugnisse oder seine Stellung als Amtsträger oder Europäischer Amtsträger missbraucht,
- die Mithilfe eines Amtsträgers oder Europäischen Amtsträgers ausnutzt, der seine Befugnisse oder seine Stellung missbraucht.

Der § 264 StGB definiert eine Subvention als: eine Leistung aus öffentlichen Mitteln nach Bundes- oder Landesrecht an Betrieben oder Unternehmen, die wenigstens zum Teil ohne marktmäßige Gegenleistung gewährt wird und der Förderung der Wirtschaft dienen soll. Außerdem zählen Leistungen als Subventionen, die wenigstens zum Teil ohne marktmäßige Gegenleistung gewährt werden. Dazu zählen beispielsweise zinsverbilligte Kredite, Der Zuwendungsempfänger zahlt den Kredit und die Zinsen zwar zurück. Fällt der Zinssatz jedoch niedriger aus als der Leitzins der EU, fällt zumindest ein Teil der normalen marktmäßigen Gegenleistung weg.

Schlussfolgerung

Staatliche Förderungen finanzieren sich aus Steuergeldern. Welches Budget für Förderungen in einem Ministerium zur Verfügung steht, ergibt sich aus dem jeweiligen Bundes- oder Landeshaushalt. Die Ministerien geben neben dem Budget auch die inhaltliche Ausrichtung der Förderungen vor. Deren operative Umsetzung fällt meist einem vom Ministerium bestimmtem Projektträger zu. Diese Organisationen bewerten eingereichte Projekte auf deren Förderfähigkeit und wickeln die Auszahlung der Zuschüsse ab.

Wurde ein Zuschuss bewilligt, bekommt das antragstellende Unternehmen einen Zuwendungsbescheid. Mit dem Zuwendungsbescheid gehen Rechte und Pflichten einher. Die Auflagen, welche mit einem Zuwendungsbescheid und den korrespondierenden Mittelabrufen einhergehen, finden sich in den sogenannten Nebenbestimmungen für Zuwendungen auf Kostenbasis (NKBF).

Zuschüsse gelten in Deutschland rechtlich, im Sinne des Strafgesetzbuches, als Subventionen. § 264 Strafgesetzbuch regelt, wann der Straftatbestand Subventionsbetrug vorliegt. Subventionsbetrug kann mit Geld- oder Freiheitsstrafen geahndet werden.

2.3 Förderarten

Im Förderwesen lässt sich zwischen fünf unterschiedlichen Förderarten unterscheiden (vgl. Abb. 2.3). Im Folgenden möchten wir sie kurz umreißen:

Abb. 2.3 Fünf Säulen öffentlicher Förderung

2.3.1 Zuschüsse

Zuschüsse sind wahrscheinlich die Förderart, die einem als erstes in den Sinn kommt, wenn man an Fördermittel denkt. Zuschüsse haben den Vorteil, nicht rückzahlbar zu sein. Wurden sie von einer öffentlichen Einrichtung genehmigt und ausbezahlt, kann es nur in Ausnahmefällen zu einer Rückforderung kommen: Beispielsweise, wenn sich die Antragssteller nicht an vertragliche Vereinbarungen halten.

Zuschüsse werden für Innovations- und Investitionsvorhaben ausgezahlt. Das beinhaltet unter anderem den Kauf neuer Maschinen und Anlagen oder Investitionen in die Erweiterung eines Standorts und den Aufbau neuer Arbeitsplätze. Innovationszuschüsse werden für Forschungs- und Entwicklungsvorhaben gewährt. Dabei können sowohl Produkte als auch Prozesse weiterentwickelt werden. Wichtig ist nur, dass das Projektziel den Stand der Technik überschreitet. Das CO_2-Einsparpotenzial hat sich in den letzten Jahren in vielen Programmen ebenfalls zu einem wichtigen Kriterium für die Zuschussvergabe entwickelt.

In der Regel sind nicht alle Kosten eines Projektes bezuschussbar. Die förderfähigen Kosten sind in der Förderrechtlinie des jeweiligen Programms festgeschrieben. Die förderfähigen Kosten werden anteilig mit dem im Programm aufgeführten Fördersatz bezuschusst.

2.3.2 Forschungszulage

Eine weitere, mit Innovationen verbundene Förderart ist die Forschungszulage. Anders als Zuschüsse ist die Forschungszulage keine direkte Förderung. Sie wird auf die

Steuerlast des Antragstellers angerechnet. Die Forschungszulage ist die einzige öffentliche Förderung in Deutschland, welche sich rückwirkend beantragen lässt. Normalerweise ist es ein Ausschlusskriterium, wenn eine Förderung beantragt wird, nachdem ein Projekt bereits begonnen hat. Bei der Forschungszulage ist das nicht der Fall. Bezuschussbar sind Forschungs- sowie Entwicklungstätigkeiten und Auftragsforschungen Dritter. Allerdings müssen diese ihren Sitz in der EU oder zumindest dem europäischen Wirtschaftsraum haben. Die durch die Forschungszulage reduzierte Steuerlast beläuft sich auf 25 % der Bemessungsgrundlage. Dazu zählen alle, dem Projekt direkt zugeordneten Personalkosten, 70 % des für Auftragsforschung aufgewendeten Entgelts und jeweils 70 € pro Personenstunde für Einzelunternehmer. Übersteigt die Forschungszulage die Steuerlast des Antragstellers zahlt das Finanzamt den Differenzbetrag direkt aus.

2.3.3 Förderdarlehen

Bei dieser Förderart handelt es sich um einen schuldrechtlichen Vertrag, durch den einem Darlehensnehmer Geld oder vertretbare Sachen auf Zeit zum Gebrauch überlassen werden. Förderdarlehen sind zinsverbilligt und können tilgungsfreie Jahre enthalten. Der Zins ist über die Laufzeit fest. Bewilligt werden diese Darlehen von öffentlichen Förderbanken wie der KfW, der Lfa Förderbank Bayern, der Investitions- und Förderbank Niedersachsen oder der NRW Bank. Allerdings zahlen diese Banken die Darlehen nicht direkt an den Darlehensnehmer aus. Hier greift das Hausbankprinzip. Das heißt, die Förderbank zahlt das Darlehen an die vom Darlehensnehmer angegebene Hausbank aus und dieses Geldinstitut stellt das Darlehen dann dem Darlehensnehmer zur Verfügung.

2.3.4 Haftungsfreistellungen und Bürgschaften

Bei einer Bürgschaft besichert eine Bürgschaftsbank einen Kredit, wenn der Kreditnehmer nicht die von der Geschäftsbank geforderten Sicherheiten vorweisen kann. Sollte der Kreditnehmer zahlungsunfähig werden, haftet die Bürgschaftsbank sofort.

Bei einer Haftungsfreistellung wird die Geschäftsbank, welche ein öffentliches Darlehen auszahlt, ganz oder teilweise von der Haftung für den Kredit freigestellt. Meistens liegt diese Haftungsfreistellung zwischen 80 und 100 % des Kreditvolumens. Wird der Kreditnehmer zahlungsunfähig, trägt die öffentliche Hand das Ausfallrisiko. Im Unterschied zur Bürgschaft erfolgt die Haftung jedoch nicht direkt mit dem Zahlungsausfall. Zuerst werden vorhandene Sach- oder Finanzmittel des Kreditnehmers veräußert, um die Schuldenlast zu tilgen. Nur für die verbleibende Schuldenlast greift die Haftung.

2.3.5 Unternehmensbeteiligungen

Bei einer öffentlichen Beteiligung erwirbt die öffentliche Hand durch Kapitaleinlage Mitgliedschaftsrechte an einem Unternehmen. Anders als bei Beteiligungen, beispielsweise durch Private Equity, zählt eine öffentliche Beteiligung nicht als Fremd-, sondern als Eigenkapital. Außerdem räumt eine öffentliche Beteiligung dem Kapitalgeber kein Mitspracherecht im Unternehmen ein. Diese Beteiligungen sind außerdem klar befristet und an feste Konditionen geknüpft. Der Fokus liegt auf dem Erhalt und der Sicherung von Arbeitsplätzen für den Standort Deutschland.

Direkte Zuschüsse sind für Unternehmen wohl das interessanteste Förderwerkzeug. Förderdarlehen waren zur Zeit der Niedrigzinspolitik der europäischen Zentralbank im Nachgang der globalen Wirtschaftskrise in den Jahren 2008 und 2009 weniger gefragt. Mit steigenden Leitzinsen der EZB werden zinsverbilligte Darlehen wieder interessanter. Der Vorteil mancher dieser Darlehen ist zudem die Beinhaltung von Tilgungszuschüsse. Durch den Tilgungszuschuss reduziert sich der zurückzuzahlende Kreditbetrag und somit die Laufzeit.

Schlussfolgerung

Zuschüsse sind die populärste Art der Förderung, allerdings nicht die einzige. In Deutschland unterscheidet man zwischen fünf Förderarten:

- Zuschüsse
- Zulagen
- Darlehen
- Haftungsfreistellungen und Bürgschaften
- Unternehmensbeteiligungen

Bei Zuschüssen erfolgt die Förderung direkt über nicht-rückzahlbare Finanzmittel. Zulagen erzielen ihre Wirkung über eine Reduzierung der Steuerlast des Antragstellers. Förderdarlehen sind zinsverbilligte Kredite. Der reduzierte Zinssatz entspricht der Förderung. Bei Haftungsfreistellungen und Bürgschaften trägt eine Förderinstitution das Risiko. Eine Beteiligung der öffentlichen Hand an einem Unternehmen bringt den Vorteil, dass das Beteiligungskapital nicht als Fremd- sondern als Eigenkapital gewertet wird.

2.4 Investitionsförderung

Die Unterscheidung zwischen Investitions- und Innovationsförderung mag auf den ersten Blick unlogisch erscheinen. Schließlich bezuschusst die öffentliche Hand immer Investitionen. Personal- Material- oder Anlagenkosten für Forschungsprojekte sind schließlich auch Investitionen, die ein Unternehmen tätig. Bei der Differenzierung zwischen Investitions- und Innovationskosten geht es jedoch in erster Linie um die Intention des Vorhabens. Beide Arten der Förderung verfolgen klare Ziele und sind eigenen Regeln unterworfen.

Bei der Investitionsförderung geht es primär darum, volkswirtschaftliche oder politische Ziele zu verfolgen. Ob ein Vorhaben innovativ ist, spielt keine Rolle. Aktuell verteilt sich die Investitionsförderung in Deutschland vorwiegend auf zwei Säulen:

2.4.1 Ziele/Kriterien

Verbesserung der Wirtschaftsstruktur
Die deutsche Volkswirtschaft ist die drittgrößte weltweit. Beim BIP pro Kopf belegt die Bundesrepublik weltweit den 15. Platz. Grundsätzlich ist Deutschland eine wirtschaftliche starke Nation. Aber regional gibt es trotzdem große Unterschiede. Sowohl von Süden nach Norden als auch von Westen nach Osten gibt es wirtschaftliche Gefälle. Ballungszentren wie München und Stuttgart im Süden oder Hamburg im Norden sind wirtschaftlich gut aufgestellt. Industriezentren in der Mitte und im Norden Deutschlands, die noch mehr „alte" Industrien beherbergen, haben mitunter an Wirtschaftskraft eingebüßt. Besonders ländliche Regionen mit niedrigerer Bevölkerungsdichte leiden unter Abwanderungen, sowohl von Menschen als auch der Wirtschaft. Grundsätzlich ist es das Ziel, Deutschland, in Bezug auf die Wirtschaftsleistung möglichst homogen aufzustellen.

Dazu gilt es Anreize zu setzen, in den wirtschaftlich schwächeren Gebieten zu investieren, neue Arbeitsplätze zu schaffen, oder bestehende zu erhalten. Förderungen mit diesem Ziel werden zwar häufig Unternehmen der gewerblichen Wirtschaft gewährt. Eigentlich sind sie jedoch eher für eine Region gedacht. Das Unternehmen würde rein betriebswirtschaftlich betrachtet von einer Investition an einem anderen Standort möglicherweise mehr profitieren. Durch die Bezuschussung der Investition schafft der Staat einen Anreiz auch in Regionen zu investieren, die infrastrukturell weniger erschlossen sind.

Dass das funktioniert, zeigt sich an der Einteilung der deutschen Fördergebiete. Über die Jahre hat sich diese Karte gewandelt und ist grauer geworden (vgl. Abb. 2.4; vgl. Abb. 2.5; vgl. Abb. 2.6). Für die Wirtschaftspolitik ist das ein gutes Zeichen. Denn, in grauen Gebieten gibt es keinen expliziten Förderbedarf mehr, um Investitionen auszulösen.

Nicht nur der Bund ist daran interessiert, die Wirtschaftsstruktur in strukturschwächeren Gebieten zu verbessern. Manche Bundesländer haben noch ihre eigenen Programme. Diese Landesförderungen funktionieren ähnlich wie die GRW. Auch sie basieren auf Fördergebietskarten. Allerdings werden diese Karten auf Landesebene festgelegt und müssen nicht mit der GRW-Karte übereinstimmen. Beispiele für Landesförderprogramme sind die Bayerische Regionalförderung und die Regionalförderung von Nordrhein-Westfalen. Länder können auf dieses Mittel zurückgreifen, wenn sie im Geltungsbereich der GRW kaum über Fördergebiete verfügen, aber trotzdem strukturelle Unterschiede aufweisen, die verringert werden sollen.

Da es bei dieser Form der Wirtschaftsförderung in erster Linie darum geht Regionen zu fördern, müssen die antragstellenden Unternehmen mit ihren Vorhaben bestimmte Bedin-

Abb. 2.4 GRW-Gebiete in Deutschland in der Förderperiode von 2007 bis 2013

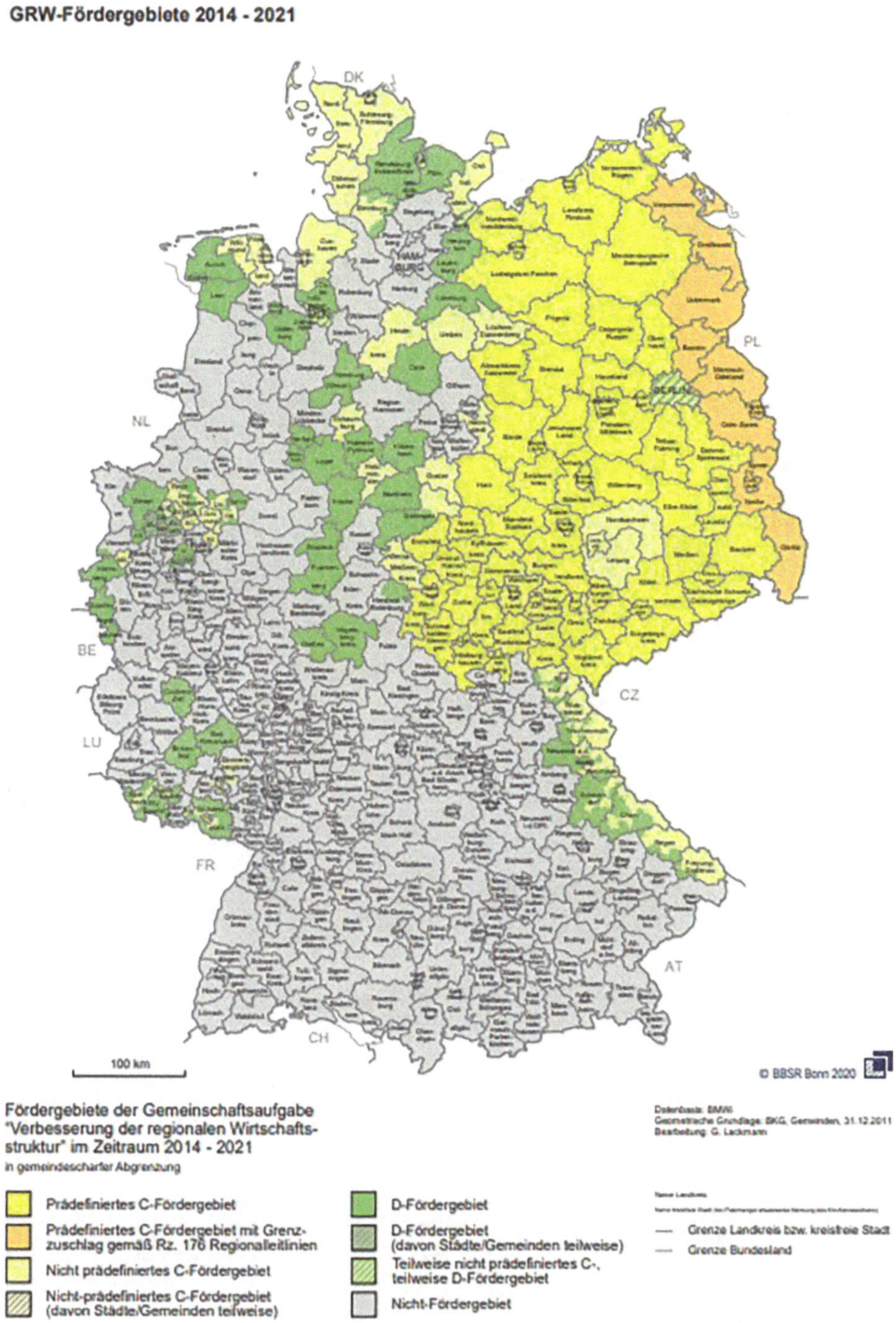

Abb. 2.5 GRW-Gebiete in Deutschland in der Förderperiode von 2014 bis 2021

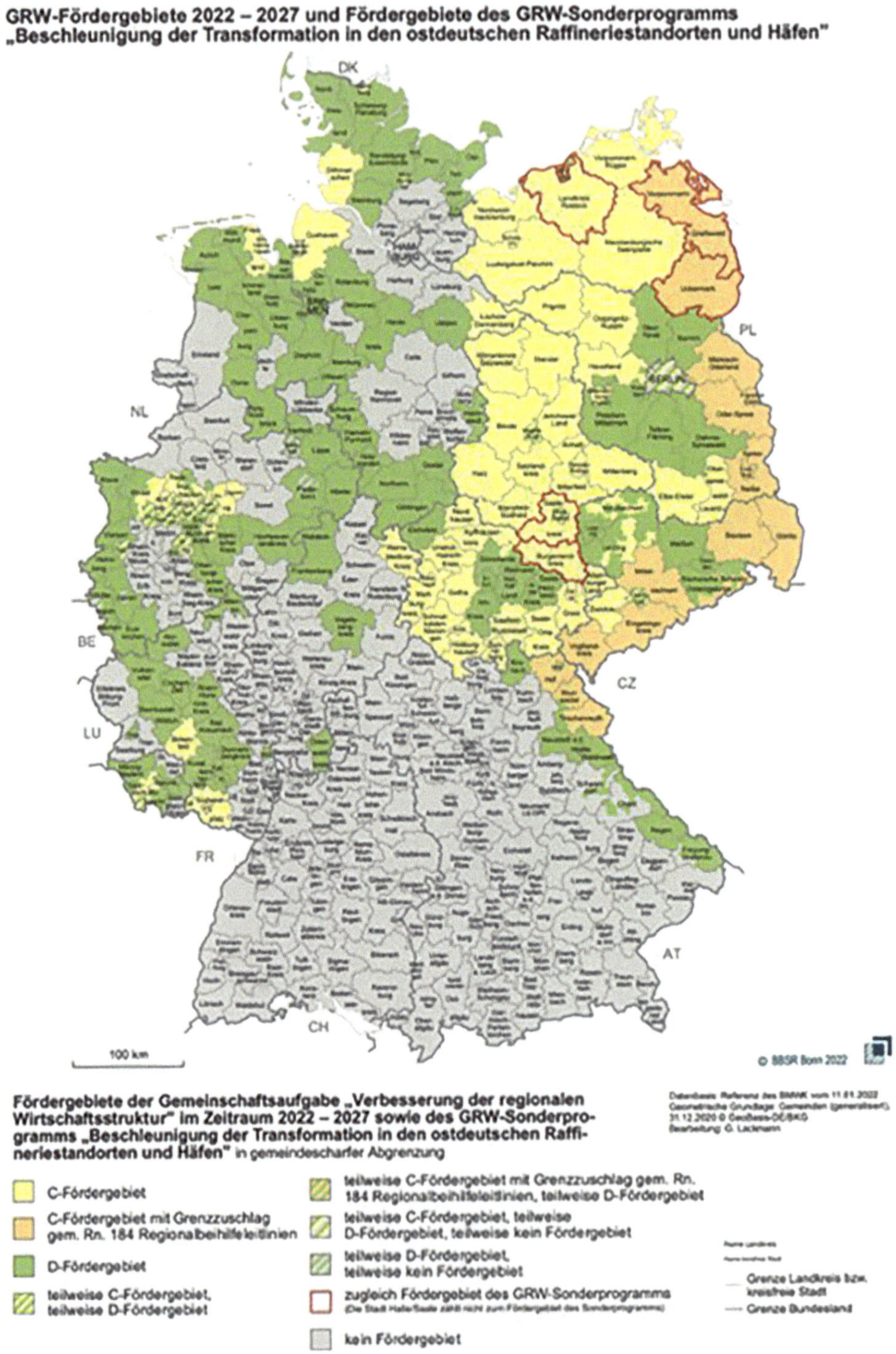

Abb. 2.6 GRW-Gebiete in Deutschland in der Förderperiode von 2022 bis 2027

Tab. 2.3 GRW Positivliste. (Vgl. Bundesministerium für Wirtschaft und Klimaschutz, 2024)

WZ-Code	Bezeichnung
10	Herstellung von Nahrungs- und Futtermitteln
11	Getränkeherstellung
13	Herstellung von Textilien
14	Herstellung von Bekleidung
15	Herstellung von Leder, Lederwaren und Schuhen
16	Herstellung von Holz-, Flecht-, Korb- und Korkwaren
17	Herstellung von Papier, Pappe und Waren daraus
20	Herstellung von chemischen Erzeugnissen
21	Herstellung von pharmazeutischen Erzeugnissen
22	Herstellung von Gummi- und Kunststoffwaren
23	Herstellung von Glas und Glaswaren, Keramik, Verarbeitung von Steinen und Erden
24	Metallerzeugung und Bearbeitung, soweit nicht nach Artikel 13 Buchstabe a in Verbindung mit Artikel 2 Nummer 43 AGVO ausgeschlossen
25	Herstellung von Metallerzeugnissen (außer 25.4)
26	Herstellung von Datenverarbeitungsgeräten, elektronischen und optischen Erzeugnissen
27	Herstellung von elektrischen Ausrüstungen
28	Maschinenbau
29	Herstellung von Kraftwagen und Kraftwagenteilen
30	Sonstiger Fahrzeugbau
31	Herstellung von Möbeln
32	Herstellung von sonstigen Waren
38.3	Rückgewinnung
39	Beseitigung von Umweltverschmutzungen und sonstige Entsorgung
55	Beherbergung
58.2	Verlegen von Software
62	Erbringung von Dienstleistungen der Inforationstechnologie
63	Informationsdienstleistungen
72	Forschung un Entwicklung, wenn überwiegend FuE-Leistungen für die Wirtschaft erbracht werden,
93.2	Erbringung von sonstigen Dienstleistungen der Unterhaltung und Erholung, soweit sie überwiegend dem Tourismus zugutekommen,

gungen erfüllen. Der Wirtschaftszweig ist zum Beispiel von Bedeutung. Förderung ist, wie schon erwähnt, immer auch politisch motiviert. Die Bundesregierung behält es sich daher vor, bestimmte Wirtschaftszweige zumindest von der Strukturförderung auszuschließen. Der Bund gibt dazu im Rahmen des GRW Koordinierungsrahmens[2] eine Positivliste, bedingte Positivliste und Negativliste heraus. Diese werden regelmäßig aktualisiert. Deswegen lohnt es sich bei der Bewertung eines Investitionsvorhabens nach den Listen genau darauf zu achten, dass man deren aktuelle Version nutzt. (s. Tab. 2.3)

[2] Der GRW Koordinierungsrahmen wird aufgrund politischer Entwicklungen regelmäßig angepasst. Achten Sie immer darauf, das aktuelle Dokument zu nutzen.

Unternehmen, deren Tätigkeit einem dieser WZ-Codes zuzuordnen sind, sind nach der GRW-Richtlinie förderfähig. Das gilt auch für eine Diversifizierungsinvestition. Plant ein Unternehmen beispielsweise einen Standort zu diversifizieren, um dort zukünftig andere Produkte herzustellen oder andere Dienstleistungen zu erbringen, so muss der neue WZ-Code auch förderfähig sein. Es ist sogar so, dass eine Diversifizierungsinvestition nur förderfähig ist, wenn sich der WZ-Code durch die Investition ändert. Die WZ- Codes oder NACE-Codes (Statistische Systematik der Wirtschaftszweige in der Europäischen Gemeinschaft) sind in 21 Abschnitte, 88 Abteilungen, 272 Gruppen und 629 Klassen unterteilt. Damit die Diversifizierung förderfähig ist, muss sich der neue NACE-Code mindestens in der Klasse vom bestehenden NACE-Code unterscheiden.

Neben der Positivliste existiert noch die bedingte Positivliste. Tätigkeitsfelder, die dort aufgeführt sind, sind nicht von der Förderung ausgeschlossen. Aber, sie sind nur unter bestimmten Bedingungen förderfähig. Vorhaben in diesen Bereichen müssen sogenannte bedeutende regionalwirtschaftliche Effekte erfüllen. Sie hängen mit der Zahl der zu schaffenden Arbeitsplätze, deren Gehaltsstruktur oder der Tarifbindung des Standorts zusammen. Es reicht nicht aus, diese Kriterien nur einmal zur Antragstellung zu erfüllen. Die zu schaffenden Arbeitsplätze gilt es für mehrere Jahre nach Vorhabensende nachzuweisen. Sie müssen nicht zwangsläufig besetzt sein. Das wäre, gerade in strukturschwächeren Regionen etwas viel verlangt. Allerdings muss gewährleistet sein, dass die Arbeitsplätze über den im GRW-Koordinierungsrahmen festgelegten Zeitraum zumindest auf dem Arbeitsmarkt angeboten werden. Die fördernde Stelle, im Falle der GRW die Bezirks- oder Landesregierung, prüft das nach. Gleiches gilt auch für etwaige Lohnerhöhungen. Es gilt nachzuweisen, dass sich die Lohnstruktur der aufgebauten Stellen durchschnittlich um einen bestimmten Prozentsatz positiv entwickelt. (s. Tab. 2.4)

Neben der bedingten Positivliste existiert noch eine Negativliste. Darin sind von der GRW-Förderung ausgeschlossene Wirtschaftszweige aufgeführt. Wenn sich ein Unternehmen mit seinem NACE-Code dort wiederfindet, kann es keine Förderung beantragen. Unabhängig davon, ob es in einem Fördergebiet angesiedelt ein KMU oder großes Unternehmen ist. (s. Tab. 2.5)

Tab. 2.4 GRW-bedingte Positivliste. (Vgl. Bundesministerium für Wirtschaft und Klimaschutz, 2024)

WZ-Code	Bezeichnung
18	Herstellung von Druckerzeugnissen
33	Reparatur und Installation von Maschinen und Ausrüstung
46	Großhandel (ohne Handel mit Kraftfahrzeugen)
52.29.9	Erbringung von Dienstleistungen für den Verkehr
59	Herstellung, Verleih und Vertrieb von Filmen und Fernsehprogrammen; Tonstudiosund Verlegen von Musik
70.1	Verwaltung und Führung von Unternehmen und Betrieben
71	Architektur- und Ingenieurbüros; technische, physikalische und chemische Untersuchung
73	Werbung und Markforschung

Tab. 2.5 GRW-Negativliste. (Vgl. Bundesministerium für Wirtschaft und Klimaschutz, 2024)

WZ-Code	Bezeichnung
A	Land- und Forstwirtschaft, Fischerei
B	Bergbau und Gewinnung von Steinen und Erden
24	Metallerzeugung und Bearbeitung, soweit „Stahlindustrie" gemäß Artikel 13 Buchstabe a in Verbindung mit Artikel 2 Nummer 43 AGVO
D	Energieversorgung
E	Wasserversorgung, Abwasser- und Abfallentsorgung (außer 38.3 und 39)
41	Hochbau
42	Tiefbau
43	Vorbereitende Baustellenarbeiten, Bauinstallation und sonstiges Ausbaugewerbe
45	Handel mit Kraftfahrzeugen, Instandhaltung und Reparatur von Kraftfahrzeugen
46.1	Handelsvermittlung
47	Einzelhandel (ohne Handel mit Kraftfahrzeugen) (außer 47.91)
H	Verkehr (vgl. auch Artikel 13 Buchstabe b in Verbindung mit Artikel 2 Nummer 45 AGVO) und Lagerei (außer 52.29.9)
K	Erbringung von Finanz- und Versicherungsdienstleistungen
L	Grundstücks- und Wohnungswesen
N	Erbringung von sonstigen wirtschaftlichen Dienstleistungen
O	Öffentliche Verwaltung, Verteidigung, Sozialversicherung
P	Erziehung und Unterricht
Q	Gesundheits- und Sozialwesen
R	Kunst, Unterhaltung und Erholung (außer 93.2)
S	Erbringung von sonstigen Dienstleistungen
T	Private Haushalte mit Hauspersonal; Herstellung von Waren und Erbringung von Dienstleistungen durch private Haushalte für den Eigenbedarf ohne ausgeprägten Schwerpunkt
U	Exterritoriale Organisationen und Körperschaften

Die Buchstaben beziehen sich zu ganzen Abschnitten der NACE-Code-Klassifizierung

Allerdings gibt es auch Möglichkeiten für Unternehmen, deren NACE-Code sich auf der Negativliste wiederfindet, eine Wirtschaftsförderung zu erhalten. Die NACE-Codes werden durch die statistischen Landesämter verwaltet. Dort können Unternehmen ihren aktuellen NACE-Code abrufen. Teilweise sind pro Unternehmen mehrere Codes vergeben: Beispielsweise bei Konzernen, die sich aus unterschiedlichen Einzelbetrieben zusammensetzen. Sind dort NACE-Codes angegeben, die förderfähig sind und solche die es nicht sind, kann unter Umständen eine Förderung gewährt werden. Hier ein anonymisiertes Praxisbeispiel aus dem Fördermittelalltag:

Ein Konzern möchte in einem C-Fördergebiet in Deutschland einen neuen Verwaltungshauptsitz errichten. Ziel ist es, dort mehrere hundert Arbeitsplätze aufzubauen, um die weit verzweigte und komplexe Konzernstruktur zentral verwalten zu können. Der Haupttätigkeitsbereich des Konzerns ist auf der Negativliste der GRW aufgeführt. Aber, die neuen Stellen, die am neuen Verwaltungshauptsitz aufzubauen sind, beschäftigen sich mit der Verwaltung und Führung von Unternehmen. Verwaltung und Führung von Unternehmen ist auf der bedingten Positivliste der GRW aufgeführt. Da eine Vielzahl an Stellen in einem strukturschwachen Gebiet aufgebaut werden soll, sind auch die Bedingungen der bedeutenden regionalwirtschaftlichen Effekte erfüllt.

Somit sind die Tätigkeiten an dem neuen Standort förderfähig, aber das Unternehmen im Ganzen noch nicht. Hier ist die fraktionierte Konzernstruktur von Vorteil. Die eigentlichen Serviceleistungen, mit denen der Konzern seine Umsätze erwirtschaftet, werden in verschiedenen GmbHs erzielt. Über diesen GmbHs steht eine zentrale Holding. Die Mitarbeiter der Dienstleistungs-GmbHs sind nicht bei der Holding gelistet. Die neu aufzubauenden Mitarbeiter bekämen alle Arbeitsverträge bei der Holding. Das heißt, um die geplanten Investitionen förderfähig zu machen, musste die Holding eigene NACE-Codes bekommen, die sich von den einzelnen Service-GmbHs unterscheiden. Nun bestand die Aufgabe darin, die NACE-Codes der Holding separat aufzustellen, sodass dieser Unternehmensteil förderfähig ist. Das ist grundsätzlich möglich, bedarf jedoch der Abstimmung mit dem zuständigen statistischen Landesamt. Wichtig ist, dass dieser Prozess abgeschlossen ist, bevor der Förderantrag von der zuständigen Förderbehörde offiziell beschieden wurde.

Die Neuausrichtung der NACE-Codes ist jedoch nicht alles, was es zu tun gibt, damit eine Förderung in diesem beispielhaften Fall erfolgen kann. Im Antrag gilt es dem Fördergeber glaubhaft und überzeugend darzulegen, dass die Tätigkeiten der neuen Arbeitsplätze in eine förderfähige oder zumindest bedingt förderfähige Kategorie fallen. In der Vorhabenbeschreibung, welche Teil des Antrags ist (vgl. Kap. 3), muss aufgeschlüsselt sein, welche aufzubauenden Stellen in welchen Tätigkeitsbereich fallen und mit welchem NACE-Code sie in Verbindung stehen. Außerdem ist mit dem Fördergeber in Verhandlungen klären, wie die Finanzstrukturen innerhalb des Konzerns verlaufen. Die Förderung darf schließlich nur dem mit den förderfähigen NACE-Codes ausgestatteten Unternehmensteil nutzen. In diesem Zusammenhang gilt es die interne Struktur zu diskutieren, wie auch Gewinnabführungsvereinbarungen und sonstige Finanzstrukturen. Möglicherweise ergibt sich in diesen Verhandlungen, dass nicht die gesamte Investitionssumme förderfähig ist. Das kann passieren. Allerdings wird der Fördergeber in der Regel wohlwollend in diese Verhandlungen gehen.

Klimaschutz (exemplarisch für strategische politische Ziele)

Neben der Verbesserung der Wirtschaftsstruktur lässt sich die zweite Säule der Investitionsförderung unter dem Sammelbegriff strategische politische Ziele zusammenfassen. Aus aktuellem Anlass soll diese Art der Investitionsförderung am Beispiel Klimaschutz erörtert werden. Auch wenn sich dieser Bereich in verschiedene Themengebiete unterteilen lässt, geht es immer darum, CO_2, Energie und sonstige Ressourcen einzusparen, oder die Elektrifizierung der Gesellschaft voranzutreiben. Bekannte Programme auf diesem Gebiet (Stand 2024) sind die Bundesförderung für Energie- und Ressourceneffizienz in der Wirtschaft (EEW) und die Bundesförderung effiziente Gebäude (BEG). In diesen Bereich fallen auch Förderungen für Ladeinfrastrukturen, Wasserstofftankstellen oder der Umweltbonus. Ziel ist es Unternehmen oder Privatpersonen dazu anzuregen, in effizientere oder klimafreundlichere Technologien zu investieren, obwohl es günstigere, weniger effiziente Alternativen gäbe. Dadurch soll die Dekarbonisierung beschleunigt werden, was sich positiv auf die Klimaziele der Bundesrepublik auswirkt.

Wie bei der Wirtschaftsförderung auch, bestimmt die Größe eines Unternehmens den maximal möglichen Fördersatz. Je größer ein Unternehmen, desto geringer der Fördersatz. Neben der Unternehmensgröße spielen noch andere Kenngrößen in die Bewertung hinein. Bei der EEW-Förderung beispielsweise hängt der mögliche Fördersatz auch von der Menge CO_2-Äquivalent ab, welches sich jährlich einsparen lässt. Es gibt dort Multiplikatoren, die verrechnet mit der Einsparleistung in Tonnen CO_2, maximale Fördervolumina ergeben. Diese Werte deckeln die Förderung, auch wenn der maximale Fördersatz theoretisch noch höhere Werte ermöglichen würde. Hier ein Beispiel: Ein großes Unternehmen plant die Anschaffung einer neuen energieeffizienteren Produktionslinie für zehn Millionen Euro. Der Betrieb könnte über eine Gesamtkostenförderung im EEW einen maximalen Fördersatz von zehn Prozent beantragen. Das entspräche einer Fördersumme von einer Million Euro. Nun spart das Unternehmen durch die neue Produktionslinie jedoch nur 600 t CO_2 jährlich ein. Zur Bestimmung des „CO_2-Förderdeckels" multipliziert man diesen Wert mit 1200 (in der EEW-Richtlinie Stand 2024 festgelegter Multiplikator für große Unternehmen). Das Ergebnis ist 720.000. Das bedeutet, aufgrund der CO_2-Ersparnis des Vorhabens ist das Unternehmen auf eine maximale Fördersumme von 720.000 € begrenzt. Somit bekommt der Betrieb eine maximale Förderquote von 7,2 %.

Es gibt noch eine weitere Besonderheit bei Investitionsförderungen für Energie- oder Ressourceneffizienzmaßnahmen: das kontrafaktische Szenario. Dieses begegnet uns nicht nur bei der EEW-Förderung, sondern auch bei vielen Programmen der Förderbanken der Länder, welche sich mit Energie- und Ressourceneffizienz befassen. Dahinter steckt der Gedanke, dass ein Anreiz geschaffen werden soll, klimafreundliche Investitionen anzuregen. Besonders klimafreundliche und effiziente Technologien sind meist noch teurer als am Markt verfügbare Alternativen, die in der Lage wären, das gleiche zu leisten. Es geht darum, dieses Kostendelta zu bezuschussen, um die Investition in das teurere klimafreundlichere Produkt auszulösen. Bei einer Antragstellung ist es daher notwendig, neben dem Angebot für die zu tätigende Investition noch ein Referenzangebot für eine alternative Investition vorzulegen, die mit der zu tätigenden Investition vergleichbar, aber weniger effizient ist. Das Kostendelta zwischen der zu tätigenden Investition und dem Alternativszenario entspricht dann den förderfähigen Kosten (das Alternativszenario muss günstiger ausfallen als die zu tätigende Investition, sonst kommt kein Kostendelta zustande). Eine Herausforderung dabei kann sein, dass ein Zulieferer kein großes Interesse daran hat, ein Angebot zu erstellen, welches lediglich als Referenz zu einem Förderantrag eines seiner Kunden eingereicht wird. Möglicherweise fallen dafür sogar Extrakosten an. Nur in seltenen Fällen lässt sich dieses Referenzangebot umgehen. Es kann funktionieren, wenn der Antragsteller glaubhaft vermitteln kann, dass die geplante Investition eine Maschine oder Anlage beschreibt, die es in vergleichbarer Form nicht gibt. Dann kann der Projektträger auf das Referenzszenario verzichten. In manchen Programmen lässt sich das Referenzszenario dadurch umgehen, dass man die Gesamtinvestitionskosten ansetzt, aber einen reduzierten Fördersatz bekommt. Dieser Fördersatz kann um die Hälfte, manchmal sogar bis zu einem Drittel niedriger ausfallen. Aber je nach Szenario ist das sogar wirtschaftlich die bessere Entscheidung. Plant ein Unternehmen eine hohe Investition, kann aber über ein Referenzangebot nur ein geringes Kostendelta erzeugen, stellt sich der niedrigere Fördersatz für die Gesamtkosten möglicherweise besser dar. Bei vielen Investitionsförderprogrammen für Effizienzmaßnahmen haben Antragsteller diese Wahlmöglichkeit auch nicht mehr. Sollte die Option jedoch bestehen, lohnt es sich die unterschiedlichen Szenarien trotzdem durchzurechnen.

Bei Förderungen für Effizienzmaßnahmen gilt es mit dem Antrag häufig ein Energiegutachten einzureichen. Das muss von einem zertifizierten Gutachter/Sachverständigen erstellt werden. Dabei ist zu beachten, dass dieser Sachverständige, auch wenn er alle nötigen Kompetenzen aufweist, nicht aus dem eigenen Unternehmen kommen darf. In der Regel wird in der betreffenden Richtlinie auf ein Portal verlinkt, über das man Sachverständige suchen kann, die die Gutachten erstellen dürfen. Manche Fördermittelberatungen halten diese Kompetenzen Inhouse vor.

Die erwähnten Beispiele sollen lediglich exemplarisch darstellen, wie strategische politische Ziele wie der Klimaschutz über Förderungen umgesetzt werden können. Im Kern geht es darum, Personen oder Unternehmen dazu zu bewegen, in bestimmten Bereichen zu investieren oder Investitionen zu tätigen, deren Zweck auch günstiger zu erreichen wäre, wenn auch weniger effizient, klimafreundlich, etc. Die Subvention soll nicht das ausschlaggebende Kriterium für die Investition sein. Die Förderung ist als Anreiz zu betrachten, der unter Umständen den Investierenden schlussendlich überzeugt, da das finanzielle Risiko für ihn sinkt. Grundsätzlich sollten Vorhaben nicht so aufgesetzt werden, dass sie möglichst förderbar sind. Die Förderung sollte individuell für das Projekt recherchiert werden.

2.4.2 Förderfähige Kosten

Bei der klassischen Wirtschaftsförderung wie der GRW sind Anschaffungs- und Herstellkosten für Wirtschaftsgüter förderfähig, wenn diese im Anlagevermögen aktiviert werden. Beispielsweise Maschinen, Anlagen und Gebäude. Auch bewegliche Wirtschaftsgüter lassen sich fördern, solange sie überwiegend in der betreffenden Betriebsstätte Anwendung finden. Immaterielle Wirtschaftsgüter wie Lizenzen oder Patente können ebenfalls gefördert werde, wenn sie der Antragsteller in der Bilanz aktiviert, sie von Dritten, die keine mit dem Antragsteller verbundenen Unternehmen sind, erworben werden und wenn sie ausschließlich in der zu fördernden Betriebsstätte verwendet werden. Neben reinem Kauf ist auch ein Mietkauf möglich. Wichtig dabei, dass zu erwerbende Wirtschaftsgut muss nach Abschluss der Mietkauffrist in das Eigentum des Antragstellers übergehen und in dessen Bilanz aktiviert werden. Unabhängig der Höhe dieser Kosten, gibt es einen arbeitsplatzbezogenen Förderdeckel. Wie schon erwähnt, richtet sich die Wirtschaftsförderung meist nach den mit der Investition zu schaffenden Arbeitsplätzen. Pro mit dem Vorhaben geschaffenem oder erhaltenem Arbeitsplatz geht ein bestimmter Maximalsatz einher. In der GRW Stand 2024 kann ein neu geschaffener Arbeitsplatz mit bis zu 750.000 € gefördert werden, ein erhaltener Arbeitsplatz mit 500.000 €. Auf eine Förderung kann sich das wie folgt auswirken:

Ein Unternehmen plant in einem Fördergebiet für 50 Mio. € eine neue Fabrik aufzubauen. Die neue Fabrik ist auf dem Stand der Technik ausgelegt und die Produktion möglichst umfassend automatisiert. Die Verwaltung des Standortes läuft größtenteils über die zentrale Managementeinheit einer übergeordneten Holding. Darum zieht die Investition nur 30 neue Arbeitsplätze nach sich. Bei 750.000 € pro Arbeitsplatz beläuft sich die maximal förderfähige Summe auf 22,5 Mio. €. Aufgrund dieses Förderdeckels sind nicht die vollen 50 Mio. € förderfähig, obwohl sie laut Richtlinie unter die förderfähigen Kosten fallen. Der Fördersatz, der schlussendlich die Fördersumme bestimmt, berechnet sich deswegen aus den 22,5 Mio. € und nicht den vollen 50 Mio. €. Nehmen wir an, dass unser Beispielbetrieb ein großes Unternehmen ist und die Investition in einem C-Fördergebiet ohne Grenzzuschlag (Grenzgebiete zu Polen und Tschechien) angesiedelt ist. Damit beläuft sich der maximale Fördersatz auf zehn Prozent. Dementsprechend kann das Unternehmen über eine GRW-Förderung von 2,25 Mio. € erhalten.

Neben der Sachkostenförderung gibt es im Rahmen der Wirtschaftsförderung teilweise die Alternative einer Lohnkostenförderung. Je nach Wirtschaftszweig kann es vorkommen, dass ein Unternehmen über ein Investitionsvorhaben viele Arbeitsplätze aufbauen möchte, aber nur wenig direkte Investitionen dazu tätigen muss. Das kann bei der Verlegung und Erweiterung eines Verwaltungssitzes der Fall sein. Neue Büroräume werden angemietet. Zusätzliche Baumaßnahmen sind entweder nicht notwendig, oder werden vom Vermieter umgesetzt. Lediglich die Einrichtungsgegenstände und die IT-Infrastruktur sind einzurichten. Unter Umständen schafft ein Unternehmen die Grundlage für hunderte neuer Arbeitsplätze und die Ausgaben für materielle und immaterielle Wirtschaftsgüter fallen vergleichsweise gering aus. Trotzdem wird das Unternehmen mit einem massiven Anstieg der Lohnkosten konfrontiert sein. Förderpolitisch ist eine Förderung dieser Kosten sinnvoll, da sie dazu beitragen den Arbeitsmarkt und die Wirtschaftsleistung in der Region zu stärken.

Gänzlich losgelöst von materiellen oder immateriellen Wirtschaftsgütern ist diese Art der Förderung jedoch nicht. Zur Berechnung der maximal förderfähigen Lohnkosten zieht man die Investitionskosten heran. Sie werden mit einem vom Fördergeber festgelegten Wert multipliziert. Dieser Wert ergibt sich aus der erwarteten Wirkung des Vorhabens. Lassen sich von dem Vorhaben signifikante regionalwirtschaftliche Effekte erwarten, kann der Multiplikator höher ausfallen. Weitere Anforderungen können die Qualität der zu schaffenden Arbeitsplätze betreffen. Zum Beispiel muss ein bestimmter Teil der Arbeitsplätze ein höheres Lohnniveau aufweisen als das durchschnittliche Lohnniveau im Gebiet des Vorhabens.

Bei der Investitionsförderung zu strategischen politischen Zielen, hier das Beispiel Klimaschutz, sind folgende Kosten förderfähig. Generell geht es bei diesen Maßnahmen darum, eine effizientere Anlage oder Maschine zu installieren. Die Investitionskosten in diese Anlage sind natürlich förderfähig. Ob sie in voller Höhe anzusetzen sind, hängt von der Art der Förderung ab. Wie in diesem Abschnitt beschrieben, gibt es Förderungen für die Gesamtkosten oder für die Mehrkosten, verglichen mit einem Referenzszenario. Neben der Investition in die Anlage lassen sich notwendige Zusatzkosten ebenfalls unterbringen: Zusatzinvestitionen, ohne die sich das Vorhaben nicht umsetzen ließe. Dazu zählen notwendige Peripheriekomponenten oder Baumaßnahmen. Setzt die Inbetriebnahme der neuen Anlage voraus, dass Rohrleitungen umgebaut werden müssen, um sie mit einem Medium wie Dampf zu versorgen, sind diese Zusatzkosten meist förderfähig. Gleiches gilt für Zusatzkomponenten wie Stahlbühnen, über die die Anlage befüllt wird. Als Faustregel gilt, dass alle Zusatzinvestitionen, die sich auf Komponenten beziehen welche notwendig sind, um eine Maschine oder Anlage in Betrieb zu nehmen und direkt mit deren Funktion in Zusammenhang stehen, angesetzt werden können. Schlussendlich obliegt die finale Entscheidung jedoch dem Projektträger. Er kann Kosten aus dem Antrag streichen.

Schlussfolgerung

Investitionsförderungen sollen Investitionen der gewerblichen Wirtschaft anregen, die entweder dazu führen die Wirtschaftsleistung in strukturschwachen Gebieten zu stärken (Aufbau und Sicherung von Arbeitsplätzen) oder dazu beitragen, strategische politische Ziele umzusetzen (zum Beispiel Klimaneutralität bis 2045). Ob und in welcher Höhe ein Unternehmen eine Investitionsförderung bekommen kann, hängt neben der Beschaffenheit und den Kosten des Investitionsvorhabens von dessen Ort und dem Tätigkeitsbereich sowie der Größe des Antragstellers ab.

2.5 Innovationsförderung

Durch stetiges Innovieren kann eine Volkswirtschaft signifikant an Resilienz gewinnen. Werden Technologien, Prozesse, Produkte und Dienstleistungen stets weiterentwickelt, können sich die verschiedenen Wirtschaftszweige auch besser an Herausforderungen anpassen. Existiert in einem Land eine Kultur, welche Ideen und deren Umsetzung fördert, lassen sich potenzielle Krisen leichter bewältigen. Stetiges Innovieren wirkt sich nicht nur auf Anbieterseite, sondern ebenfalls auf der Konsumentenseite positiv aus. Unternehmen, die über Innovationen ihr Angebot weiterentwickeln und verbessern, treiben in einer Marktwirtschaft ihre Konkurrenten an, das Gleiche zu tun. Der Konsument bekommt dadurch im Idealfall qualitativ hochwertigere, günstigere, technisch ausgereiftere oder effizientere Produkte und Dienstleistungen angeboten. Die Gesamtwirtschaft stärkt eine ausgeprägte Innovationskultur und -bereitschaft ebenfalls, da man sich so in der Weltwirtschaft als valider Handels- oder Entwicklungspartner etablieren kann.

2.5.1 Ziele/Kriterien

Unter anderem aus diesen Gründen betrachtet der deutsche Staat Innovationen grundsätzlich als förderwürdig. Technische und wissenschaftliche Excellenz finanziell zu subventionieren und das Knowhow sowie die greifbaren Innovationen im eigenen Land verwertet zu sehen, stellt hier den volkswirtschaftlichen Nutzen dar. Dadurch kristallisiert sich bereits ein erster großer Unterschied zur Investitionsförderung heraus. Bei der Innovationsförderung geht es nicht primär darum, die gewerbliche Wirtschaft und speziell einzelne strukturschwache Regionen zu unterstützen: Ziel ist es die Erforschung und Entwicklung von Ideen voranzutreiben. Dabei müssen diese Ideen und Konzepte nicht zwangsläufig zum Erfolg führen.

Bei rein investiven Vorhaben steht die technische oder wissenschaftliche Machbarkeit nicht zur Debatte. Diese Vorhaben können zwar auch scheitern, aber meist nur, weil es Probleme mit der Finanzierung, internen Abstimmungen, Genehmigungsprozessen oder sonstigen bürokratischen Fragestellungen gibt. FuE-Vorhaben weisen immer eine gewisse Unsicherheit in Bezug auf das Ergebnis auf. FuE ist stets neuartig und schöpferisch. Ziel ist es etwas zu kreieren, das es in dieser Form noch nicht identisch gibt. Deswegen lässt sich zu Beginn eines FuE-Vorhabens nicht abschließend sagen, ob am Schluss das angestrebte Ziel zu erreichen ist. Weil dieses Risiko immer besteht, egal wie groß oder finanzstark ein Unternehmen ist und weil Forschungsförderungen primär Excellenz und nicht Wirtschaftsleistung subventionieren, gibt es bei der grundsätzlichen Förderfähigkeit keine Einschränkungen in Bezug auf Unternehmensgröße, Umsätze oder den Ort der Investition. Auch was die Wirtschaftssektoren angeht, sind Forschungsförderprogramme meist offener. Auch Branchen, die sich auf der Negativliste der GRW wiederfinden, können Forschungsförderungen erhalten. Allerdings nicht in allen Programmen gleichermaßen. Jede Richtlinie kann individuell einzelne Sektoren ausschließen.

Aber auch bei der Forschungsförderung gibt es Unterschiede, die Unternehmensgröße und die Art des Projekts betreffend. Ein KMU kann höhere Fördersätze als ein großes Unternehmen bekommen. Bei Konzernen liegt der maximale Fördersatz für ein FuE-Projekt bei 50 % der förderfähigen Kosten. Da jedoch verschiedene Kostenarten mit unterschiedlichen Maximalsätzen gefördert werden, liegt der reale Satz häufig zwischen 35 % und 45 % der förderfähigen Kosten. KMU können von Boni profitieren. Sie können theoretisch auf Fördersätze um die 70 % kommen. Bei Forschungseinrichtungen, Universitäten und Hochschulen sind Sätze von 90 % bis 100 % möglich. Deswegen ist es sinnvoll, wenn es sich für ein Vorhaben anbietet, Universitäten, Hochschulen oder Institutionen wie Fraunhofer Institute in Projekte einzubeziehen. Sie können sich für ihre Tätigkeiten einen Großteil oder alle ihrer Kosten erstatten lassen. Universitäten und Forschungseinrichtungen stellen ihre Anträge jedoch separat. Deren vollständige Förderung gilt es bei einem Projekt auf die maximalen Fördersumme anzurechnen. Das heißt, je größer der Anteil der FuE-Kosten eines Projekts ausfällt, der auf eine Universität entfällt, desto niedriger ist die verbleibende Fördersumme. Liegen die Projektkosten bei zwei Millionen Euro und davon entfallen eine Million Euro auf eine Universität die zu 100 % gefördert wird, läge der Fördersatz des Vorhabens schon bei 50 %. Handelt es sich bei dem antragstellenden Unternehmen um jenes, das die Universität beauftragt hat oder eine Kooperation mit ihr eingegangen ist, sind 50 % der maximal mögliche Fördersatz. Somit ist keine Förderung der verbleibenden Kosten des Unternehmens mehr möglich.

Grundsätzlich ist es eine gute Idee Universitäten, Hochschulen und Forschungseinrichtungen in Projekte einzubeziehen. Projektträger fassen das in der Regel positiv auf. Allerdings sollte man darauf achten, diesen Einrichtungen nur notwendige Arbeitspakete zu geben, für die die Kompetenzen der Hochschulen und Institute unabdingbar sind.

Handelt es sich nicht um Auftragsforschung, sondern um ein Kooperationsprojekt muss man die Zusammenarbeit über einen Kooperationsvertrag regeln. Darin wird auch geregelt, wer die Verwertungsrechte an welchen Daten und Ergebnissen hat. Bei Kooperationsprojekten ist dieser Vertrag vorgeschrieben.

Die Art der FuE-Tätigkeit ist ebenfalls für den maximal möglichen Fördersatz entscheidend. Die FuE-Förderung unterscheidet dabei zwischen industrieller Forschung und experimenteller Entwicklung. Für die industrielle Forschung liegt der maximal mögliche Fördersatz für ein Vorhaben bei 50 %, bei der experimentellen Entwicklung bei 25 %.

Industrielle Forschung (vgl. Projektträger Jülich, 2024)
Zur industriellen Forschung werden Tätigkeiten wie planmäßiges Forschen oder kritisches Erforschen zur Gewinnung neuer Kenntnisse und Fertigkeiten mit dem Ziel, neue oder erheblich verbesserte Produkte, Verfahren oder Dienstleistungen zu entwickeln, gerechnet. Außerdem beinhaltet es das Entwickeln von Teilen komplexer Systeme und Prototypen in laborähnlichen Umgebungen, wenn dies zur Validierung technologischer Grundlagen notwendig ist.

Experimentelle Entwicklung (vgl. Projektträger Jülich, 2024)
Unter experimenteller Entwicklung versteht man den Erwerb, die Kombination, die Gestaltung, oder die Verwendung vorhandener, einschlägiger Kenntnisse und Fertigkeiten mit dem Ziel, Pläne und Entwürfe für veränderte oder verbesserte Produkte, Verfahren oder Dienstleistungen zu erarbeiten. Darunter fallen ebenfalls Demonstrations- oder Pilotprojekte und Entwicklungen (auch kommerziell nutzbarer) Prototypen, wenn deren Herstellung allein zu Demonstrationszwecken zu teuer ist. Routinemäßige Änderungen an Produkten oder Verfahren zählen nicht zur experimentellen Entwicklung.

Über die sogenannten Technology Readiness Level (vgl. Abb. 2.7) lassen sich ebenfalls Rückschlüsse darauf ziehen, ob ein Projekt oder ein Teil eines Projekts der industriellen Forschung oder experimentellen Entwicklung zuzuordnen ist. Die Skala der Technologiereifegrade wurde Ende der 1980er-Jahre von der NASA zur Bewertung der Raumfahrttechnologie entwickelt. Seitdem hat sie sich als Bewertungsgrundlage für Forschung und Entwicklung in vielen weiteren Bereichen etabliert. Die Skala beginnt bei 1 mit der Grundlagenforschung und endet bei 9 mit der Marktreife.

Tätigkeiten, die unter die TRL 2, 3 und 4 fallen, sind der industriellen Forschung zuzuordnen. Die TRL 5, 6, 7 und 8 können der experimentellen Entwicklung zugeordnet wer-

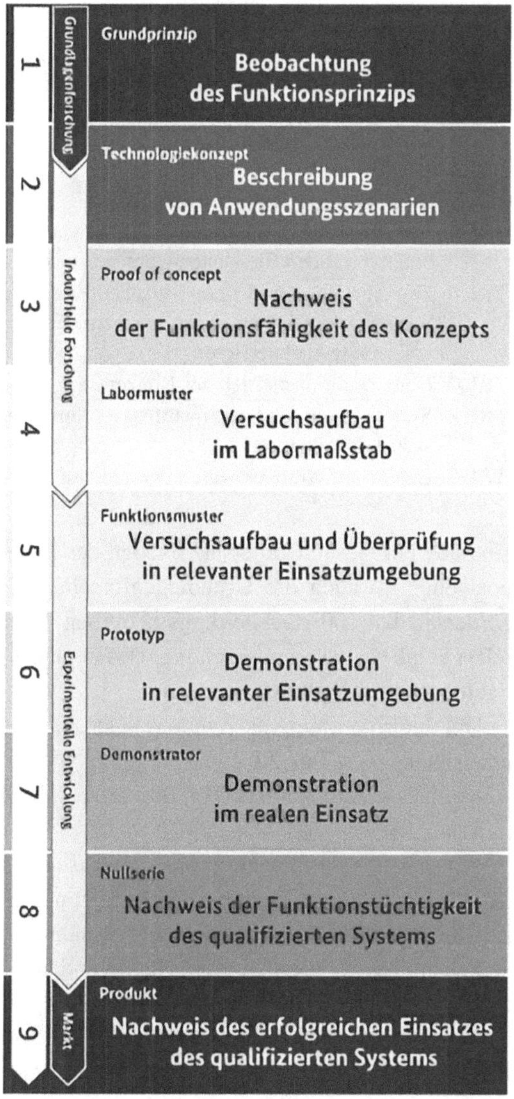

Abb. 2.7 Technology Readiness Level (TRL) zur Bewertung des Status eines FuE-Vorhabens

den. Allerdings gibt es Förderprogramme, bei denen die experimentelle Entwicklung bei TRL 6 oder 7 endet. Bei der Forschungszulage beispielsweise enden die FuE-Tätigkeiten, nachdem ein Prototyp hergestellt und im Feldtest überprüft wurde (TRL 6). Ein genaues Studium der betreffenden Richtlinie und damit einhergehender Merkblätter kann Aufschluss darüber geben, wie das individuell in bestimmten Förderprogrammen gehandhabt wird.

Meistens lässt sich ein Vorhaben nicht gänzlich dem einen oder anderen Bereich zuordnen. Dann, bestimmt man den Technologiereifegrad pro Arbeitspaket oder Unterarbeitspaket und leitet sich so den individuellen Fördersatz für jedes Arbeitspaket ab. Daraus er-

Tab. 2.6 Zuordnung von Tätigkeiten zu einzelnen TRL

TRL 1	Funktionsprinzip beobachten.
TRL 2	Methoden entwickeln, um das Konzept im angestrebten Anwendungsbereich zu simulieren und zu überprüfen.
TRL 3	Laborversuche durchführen, um die generelle Machbarkeit des Konzepts nachzuweisen.
TRL 4	Laborversuche und Tests des Konzepts mit ersten Prototypenkomponenten, zu komplexeren Aufgabenstellungen.
TRL 5	Versuche mit wesentlichen Technikelementen des Konzepts und integrierten unterstützenden Elementen werden in relevanten Einsatzumgebungen durchgeführt.
TRL 6	Test eines Prototyps in realistischen Einsatzumgebungen, teilweise bereits integrierte Systemtests. Die technische Machbarkeit des Konzepts im Anwendungsbereich ist vollständig nachgewiesen
TRL 7	Demonstrationsbetrieb des Konzepts im betrieblichen Umfeld.
TRL 8	System ist für die Serie qualifiziert (Nullserie). Konzept entspricht im Wesentlichen dem späteren Serienprodukt.
TRL 9	Betriebserfahrungen werden gesammelt. Markthochlauf beginnt.

gibt sich ein Gesamtfördersatz. Neben der industriellen Forschung und experimentellen Forschung ist auch die Grundlagenforschung förderfähig. Bei ihr liegt der maximale Fördersatz bei 100 %. Allerdings betreiben die meisten gewerblich tätigen Unternehmen selbst keine Grundlagenforschung. Das ist in der Regel Universitäten und Forschungseinrichtungen vorbehalten.

Um die Einordnung nach industrieller Forschung und experimenteller Entwicklung zu präzisieren, zeigt Tab. 2.6 eine Auflistung von Tätigkeiten, die jeweils den einzelnen TRL zugeordnet werden können (vgl. Bundesanstalt für Landwirtschaft und Ernährung (2024)). (s. Tab. 2.6)

Bis zu welchem TRL ein Projekt als FuE gesehen wird und eine Förderung möglich ist, hängt vom Förderprogramm ab. TRL 9 ist normalerweise nicht mehr Teil der Förderung. Zumindest für KMU gibt es jedoch Ausnahmen und Arbeiten zur Markteinführung können ebenfalls gefördert werden. Häufig enden die FuE-Tätigkeiten aus Sicht der Projektträger jedoch spätestens mit der Überprüfung eines Demonstrators im Demonstrationsbetrieb. In manchen Programmen ist schon der Demonstrator selbst nicht mehr förderfähig. Bei der Forschungszulage beispielsweise ordnet die Bescheinigungsstelle Forschungszulage (BSFZ) alle Tätigkeiten, die nach dem Aufbau und dem Funktionstest eines ersten Prototyps (TRL 6) anfallen, nicht mehr der FuE zu. Diese Tätigkeiten sind somit nicht förderfähig.

In Programmen wie dem Bayerischen Energieforschungsprogramm oder auch dem Energieforschungsprogramm des Bundes (Stand 2024 8. Energieforschungsprogramm) lassen sich die Investitionskosten für den Aufbau eines Demonstrators unter Umständen (verfügbares Budget im Programm, Ermessen des Projektträgers) unterbringen. Für diese Kosten erhält der Antragsteller jedoch einen reduzierten Fördersatz verglichen mit den internen Personalkosten oder externen Forschungskosten.

2.5.2 Förderfähige Kosten

Bei typischen Forschungs- und Entwicklungsprojekten entfallen die Hauptkosten meist auf das Personal. Förderfähig sind die Personalkosten jedes Mitarbeiters, die als Forschungs- und Entwicklungsaufwand einzustufen sind. Verwaltungsleistungen wie Angebote einholen, Projektmanagement oder Vertriebstätigkeiten gehören nicht in diese Kategorie. FuE beinhaltet solche Tätigkeiten, welche direkt auf die Erreichung der Projektziele einzahlen: Beispielsweise Literaturrecherchen, Materialanalysen, Aufbau von Laborversuchen, Durchführung von Laborversuchen, Konstruktion und Fertigung von projektspezifischen Werkzeugen, Aufbau von Prototypen, Durchführung von Simulationen, Datenauswertung oder Anlagenüberwachung im Funktionsbetrieb. Je nach Programm sind entweder die tatsächlichen beim Antragsteller anfallenden Personalkosten anzusetzen oder vordefinierte Pauschalsätze. Die Pauschalsätze teilen sich normalerweise auf die drei Kategorien Forscher (Akademiker, Ingenieure u. Ä.), Techniker (Techniker, Meister u. Ä.) und sonstiges Personal (Facharbeiter, Laboranten u. Ä.) auf. Jeder Kategorie ist ein eigener Abrechnungssatz zugordnet. In Bayern liegen diese Sätze aktuell (Stand 2024) bei 9000 € für Forscher, 7000 € für Techniker und 5000 € für sonstiges Personal. Mit den Pauschalbeträgen sind Personaleinzelkosten, Personalnebenkosten, Gemeinkosten sowie Reisekosten abgegolten. Diese Einteilung kann Vor- und Nachteile haben.

Arbeitet bei einem Unternehmen im geförderten FuE-Vorhaben ein Laborleiter für den 12.000 € Personalkosten monatlich anfallen, werden seine Personenmonate, welche über die Förderung abgerechnet werden, trotzdem nur mit dem Pauschalsatz von 9000 € gefördert. Die restlichen 3000 € fallen aus der Förderung raus. Sie lassen sich auch nicht mehr anderweitig fördern. Gleiches geht auch in die andere Richtung. Ein Mitarbeiter aus der Kategorie sonstiges Personal, dessen Personenmonat beispielsweise nur 4000 € kostet, lässt sich im Projekt trotzdem mit 5000 pro Personenmonat fördern. Es ist jedoch darauf zu achten, dass Personenmonate auch anteilig angerechnet werden können. Als Faustregel gilt: ein Personenmonat entspricht 160 h. Im Antrag angegebene Personenmonate gilt es nachzuweisen. Dazu sind Stundenzettel auszufüllen, die vom Mitarbeiter wie auch dessen Vorgesetzten gezeichnet werden müssen. Auf diesen Stundenzetteln ist zu vermerken, für wie viele Stunden an welchen Tagen in einem bestimmten Zeitraum der Mitarbeiter für das Projekt gearbeitet hat. Sollte ein Mitarbeiter zu 100 % auf das Projekt arbeiten, kann man trotzdem nicht immer einen ganzen Monat im Stundenzettel mit acht Stunden täglich befüllen. Feier-, sowie Urlaubs- und Krankheitstage sind zu berücksichtigen.

Bei Programmen ohne pauschalierte Personalkostensätze werden die Mitarbeiter unter Umständen trotzdem in Kategorien unterteilt. Diese Kategorien sind dann nicht an feste Sätze geknüpft, können dem Fördergeber jedoch dazu dienen, die angegebenen Lohnkosten besser einzuschätzen. Ist zu jedem Mitarbeiter im Projekt zumindest bekannt, in welche Personalkategorie er fällt, lassen sich die korrespondierenden Kosten in ein Verhältnis zu Pauschalen oder durchschnittlichen Lohnkosten des betreffenden Sektors am betreffenden Arbeitsort setzen.

Die auf Personenmonate heruntergebrochen geplanten Personalkosten können nach der Antragstellung nicht weiter erhöht werden. Stellt ein Unternehmen während der Projektlaufzeit fest, dass der für das Vorhaben notwendige FuE-Personalaufwand höher ausfällt als im Antrag angegeben, ist das für die Förderung erst einmal kein Problem. Allerdings hat der Antragsteller diese Kosten vollumfänglich selbst zu tragen, eine nachträgliche Anpassung der förderfähigen Kosten ist nicht möglich. Da FuE-Projekte immer gewisse Risiken und Unabwägbarkeiten mit sich bringen ist es ratsam, Personalkosten etwas großzügiger zu kalkulieren (10 % bis 20 % extra). Denn, sollte ein Vorhaben schlussendlich günstiger ausfallen als beantragt, ist das kein Problem. Der Restbetrag, welchen der Antragsteller noch von der Förderung abrufen könnte, wird dann einbehalten.

2.5.2.1 Exkurs: Personalkosten im rechtlichen Sinne

Die Förderpraxis zeigt, dass das Thema Personalkosten immer wieder Fragen aufwerfen kann. Wie setzen sich Personalkosten zusammen? Was gehört alles zum Arbeitgeberbrutto? Welche zusätzlichen Kosten lassen sich ansetzen? Sobald man nicht in Programmen mit pauschalierten Sätzen unterwegs ist, werden diese Fragen valide. Wir haben uns darum bei einem Wirtschaftsprüfer erkundigt und eine Liste zusammengestellt, was aus steuerrechtlicher Sicht zu den Personalkosten für innerbetriebliche FuE geltend gemacht werden kann.[3] Folgende Kosten können bei den Lohnkosten angesetzt werden (vgl. § 3 EstG):

- Aufwendungen des Anspruchsberechtigten für Arbeitslöhne seiner Arbeitnehmer (Voraussetzungen: Abzug deutscher Lohnsteuer, unmittelbare Auszahlung an Arbeitnehmer; keine Leiharbeiter)
- Arbeitgeberanteil für die Sozialversicherung (§ 3 Nr. 62 EStG)
- Ausgaben des Arbeitgebers für die Zukunftssicherung des Arbeitnehmers, soweit der Arbeitgeber dazu nach sozialversicherungsrechtlichen oder anderen gesetzlichen Vorschriften oder nach einer auf gesetzlicher Ermächtigung beruhenden Bestimmung verpflichtet ist und es sich nicht um Zuwendungen oder Beiträge des Arbeitgebers nach EstG § 3 Nummern 56, 63 und 63a handelt (siehe unten). Den Ausgaben des Arbeitgebers für die Zukunftssicherung, die auf Grund gesetzlicher Verpflichtung geleistet werden, werden gleichgestellt Zuschüsse des Arbeitgebers zu den Aufwendungen des Arbeitnehmers: für eine Lebensversicherung, für die freiwillige Versicherung in der gesetzlichen Rentenversicherung, für eine öffentlich-rechtliche Versicherungs- oder Versorgungseinrichtung seiner Berufsgruppe, wenn der Arbeitnehmer von der Versicherungspflicht in der gesetzlichen Rentenversicherung befreit worden ist. Die Zuschüsse sind nur insoweit steuerfrei, als sie insgesamt bei Befreiung von

[3] Die CMP Financial Engineers GmbH & Co. KG führt weder Rechts- noch Steuerberatungen durch. Alle Angaben zu diesem Thema in diesem Buch basieren auf Erfahrungen und sind nicht als Steuer- oder Rechtsberatung anzusehen. Bei Fragen oder Unklarheiten zu den hier aufgeführten Angaben kontaktieren Sie bitte einen Steuerberater, Wirtschaftsprüfer oder Anwalt.

der Versicherungspflicht in der allgemeinen Rentenversicherung die Hälfte und bei Befreiung von der Versicherungspflicht in der knappschaftlichen Rentenversicherung zwei Drittel der Gesamtaufwendungen des Arbeitnehmers nicht übersteigen und nicht höher sind als der Betrag, der als Arbeitgeberanteil bei Versicherungspflicht in der allgemeinen Rentenversicherung oder in der knappschaftlichen Rentenversicherung zu zahlen wäre.

Folgende Kosten sind nicht förderfähig:

- Zuwendungen des Arbeitgebers aus dem ersten Dienstverhältnis an eine Pensionskasse zum Aufbau einer nicht kapitalgedeckten betrieblichen Altersversorgung, bei der eine Auszahlung der zugesagten Alters-, Invaliditäts- oder Hinterbliebenenversorgung entsprechend vorgesehen ist, soweit diese Zuwendungen im Kalenderjahr zwei Prozent der Beitragsbemessungsgrenze in der allgemeinen Rentenversicherung nicht übersteigen. Der in Satz 1 genannte Höchstbetrag erhöht sich ab 1. Januar 2020 auf drei Prozent und ab 1. Januar 2025 auf vier Prozent der Beitragsbemessungsgrenze in der allgemeinen Rentenversicherung.
- Beiträge des Arbeitgebers aus dem ersten Dienstverhältnis an einen Pensionsfonds, eine Pensionskasse oder für eine Direktversicherung zum Aufbau einer kapitalgedeckten betrieblichen Altersversorgung, bei der eine Auszahlung der zugesagten Alters-, Invaliditäts- oder Hinterbliebenenversorgungsleistungen vorgesehen ist, soweit die Beiträge im Kalenderjahr acht Prozent der Beitragsbemessungsgrenze in der allgemeinen Rentenversicherung nicht übersteigen. Dies gilt nicht, soweit der Arbeitnehmer nach § 1a Absatz 3 des Betriebsrentengesetzes verlangt hat, dass die Voraussetzungen für eine Förderung nach § 10a oder Abschnitt XI erfüllt werden. Aus Anlass der Beendigung des Dienstverhältnisses geleistete Beiträge im Sinne des Satzes 1 sind steuerfrei, soweit sie vier Prozent der Beitragsbemessungsgrenze in der allgemeinen Rentenversicherung, vervielfältigt mit der Anzahl der Kalenderjahre, in denen das Dienstverhältnis des Arbeitnehmers zu dem Arbeitgeber bestanden hat, höchstens jedoch zehn Kalenderjahre, nicht übersteigen. Beiträge im Sinne des Satzes 1, die für Kalenderjahre nachgezahlt werden, in denen das erste Dienstverhältnis ruhte und vom Arbeitgeber im Inland kein steuerpflichtiger Arbeitslohn bezogen wurde, sind steuerfrei, soweit sie acht Prozent der Beitragsbemessungsgrenze in der allgemeinen Rentenversicherung, vervielfältigt mit der Anzahl dieser Kalenderjahre, höchstens jedoch zehn Kalenderjahre, nicht übersteigen;
- Sicherungsbeiträge des Arbeitgebers nach § 23 Absatz 1 des Betriebsrentengesetzes, soweit sie nicht unmittelbar dem einzelnen Arbeitnehmer gutgeschrieben oder zugerechnet werden.

Neben Personalkosten lassen sich in FuE-Programmen noch Materialkosten ansetzen. Dazu zählen Kosten für Materialien und sonstige Bedarfsmittel, die unmittelbar durch das Vorhaben entstehen. Werden beispielsweise Beschichtungsversuche von bestimmten

Komponenten mit Gold oder Silber durchgeführt, sind die Kosten für das Gold und Silber förderfähig. Diese Kosten müssen über Angebote, welche mit dem Antrag eingereicht werden, belegbar sein.

Gleiches gilt für Kosten für Auftragsforschung. Auch hier sind mit dem Antrag Angebote einzureichen, die die Kosten belegen. Aus den Angeboten muss ersichtlich sein, dass das damit zusammenhängende Geschäft nach dem Arms-Length-Prinzip stattfindet und keine wettbewerbswidrigen Absprachen vorliegen. Mit dem Antragsteller verbundene Unternehmen können in manchen Fällen nicht als Auftragnehmer angesetzt werden (je nach Programm). Wenn das erlaubt ist, muss meist begründet werden, warum die Notwendigkeit besteht, den spezifischen Forschungsauftrag an ein verbundenes Unternehmen zu vergeben. Bei landesspezifischen Programmen sollten die Auftragnehmer aus dem gleichen Bundesland wie der Antragsteller (Ort des Vorhabens) stammen. Ist das nicht möglich, gilt es zu begründen, warum ein Unternehmen außerhalb des Bundeslands zu beauftragen ist.

Kosten für Instrumente Ausrüstung (Werkzeuge, Prüfstände, Maschinen und Anlagen) lassen sich ebenfalls als förderfähige Kosten ansetzen. Allerdings nur, wenn sie ausschließlich im Vorhaben Verwendung finden und wenn sie der Antragsteller nach Beendigung des Projekts für nichts anderes mehr einsetzt. Instrumente, Maschinen und Anlagen, die nicht ausschließlich für das Vorhaben dienen, laufen nur zu einem bestimmte Teil in die förderfähigen Kosten. Förderfähig ist dabei nur die nach dem Grundsatz ordnungsgemäßer Buchführung ermittelte Wertminderung während der Dauer des Vorhabens (zeit- und vorhabensteilig). Hier ein Rechenbeispiel: Ein Unternehmen möchte im Rahmen eines FuE-Projekts verschiedene Beschichtungsmaterialien für unterschiedliche zu beschichtende Stoffe überprüfen. Dazu schafft der Betrieb eine Beschichtungszelle für vier Millionen Euro an. Diese Anlage soll nicht nur in einem FuE-Vorhaben eingesetzt werden, sondern zukünftig auch in weiteren. Das betreffende FuE-Projekt ist auf 36 Monate angesetzt. Das Arbeitspaket Beschichtung läuft über 24 Monate der Gesamtprojektlaufzeit. Der Antragsteller hat die Anlage im Vorhaben speziell für dieses Arbeitspaket angeschafft. Da sie jedoch nicht ausschließlich für dieses FuE-Vorhaben gedacht ist und nach dessen Abschluss weiter im Unternehmen eingesetzt wird, ist lediglich die AfA-Summe über 24 Monate förderfähig. Geht man von einer Abschreibung von zehn Prozent jährlich aus, kommt man bei 24 Monaten auf förderfähige Kosten in Höhe von 760.000 €.

Umwidmungen von einzelnen Kostenpunkten sind möglich. Einzelkosten können um bis zu 20 % von der Vorkalkulation abweichen, solange sich die Gesamtkosten nicht erhöhen. Abweichungen über 20 % bedürfen der Zustimmung des Fördergebers. Erhöhen sich beispielsweise die Personalkosten gegenüber der im Antrag eingereichten Vorkalkulation, die Materialkosten sinken jedoch, dann kann hier eine Umwidmung der förderfähigen Kosten stattfinden. Ergeben sich durch solche Abweichungen Möglichkeiten Kosten umzuwidmen, kann das vom Fördergeber genehmigt werden. Eigenmächtige Umwidmungen sind nicht zulässig. Der Fördergeber muss zustimmen. Umwidmungen sind nicht nur für Personalkosten, sondern auch für andere Kostenarten möglich.

Schlussfolgerung

Mit Innovationsförderungen sollen Investitionen in Innovationsprojekte angeregt werden. Dabei geht es um die Weiterentwicklung von Technologien, um die Wirtschaft eines Landes zu stärken. Thematisch lassen sich dabei zwar auch politische Ziele erkennen, jedoch ist die Innovationsförderung grundsätzlich inhaltlich breiter aufgestellt. Der Ort eines Vorhabens sowie die Größe und der Tätigkeitsbereich des Antragstellers spielen für die Förderfähigkeit eines Projekts nur eine untergeordnete Rolle.

Essenziell für die Förderfähigkeit eines FuE-Projekts ist, dass durch das Vorhaben der Stand der Technik in der Branche des Antragstellers oder insgesamt übertroffen wird. Außerdem muss das Vorhaben mit technischen sowie wirtschaftlichen Risiken einhergehen. Eine sichere Zielerreichung darf nicht schon zu Beginn des Vorhabens klar sein.

Neben Personalkosten, die sich den FuE-Tätigkeiten in einem Vorhaben zuordnen lassen, sind auch Materialkosten und in gewissem Umfang Anlagenkosten (AfA) sowie Kosten für externe Forschungsleistungen förderfähig.

Literatur

Bundesanstalt für Landwirtschaft und Ernährung. (2024). Leitfaden für die Skizzeneinreichung. https://www.ble.de/SharedDocs/Downloads/DE/Projektfoerderung/Innovationen/DIP/DIP-LeitfadenSkizzeneinreichung.pdf?__blob=publicationFile&v=2. Zugegriffen am 22.10.2024.

Bundesministerium für Wirtschaft und Klimaschutz. (2024). Koordinierungsrahmen der Gemeinschaftsaufgabe „Verbesserung der regionalen Wirtschaftsstruktur". https://www.bmwk.de/Redaktion/DE/Downloads/J-L/koordinierungsrahmen-gemeinschaftsaufgabe-verbesserung-regionale-wirtschaftsstruktur.html. Zugegriffen am 22.10.2024.

Europäische Kommission. (2003). Empfehlung der Kommission vom 6. Mai 2003 betreffend die Definition der Kleinstunternehmen sowie der kleinen und mittleren Unternehmen, Amtsblatt L 124/36, Brüssel.

Europäische Kommission. (2012). Vertrag über die Arbeitsweise der Europäischen Union.

Europäische Kommission. (2014). Verordnung (EU) Nr. 651/2014 der Kommission vom 17. Juni 2014 zur Feststellung der Vereinbarkeit bestimmter Gruppen von Beihilfen mit dem Binnenmarkt in Anwendung der Artikel 107 und 108 des Vertrags über die Arbeitsweise der der Europäischen Union, Brüssel.

Grabitz, E., Hilf, M., & Nettesheim, M. (Hrsg.). (2023). *Das Recht der Europäischen Union, Band I: EUV/AEUV,* (79. Aufl.). C.H. Beck.

Projektträger Jülich. (2024). Forschung und Entwicklung – Häufig gestellte Fragen (FAQ): Frage 5: Was versteht man unter „industrieller Forschung? https://www.ptj.de/foerdermoeglichkeiten/frl-elektromobilitaet/forschung-entwicklung/faq. Zugegriffen am 22.10.2024.

Statistisches Bundesamt. (2024). Branchen und Unternehmen: Kleine und mittlere Unternehmen. https://www.destatis.de/DE/Themen/Branchen-Unternehmen/Unternehmen/Kleine-Unternehmen-Mittlere-Unternehmen/aktuell-beschaeftigte.html#:~:text=Mit%20knapp%203%2C2%20Millionen,rund%2020%20800%20als%20Gro%C3%9Funternehmen. Zugegriffen am 22.10.2024

3 Anleitung zum erfolgreichen Einwerben öffentlicher Subventionen für Entscheider der gewerblichen Wirtschaft aus Forschung und Finanz

Zusammenfassung

Nachdem Kap. 2 die theoretischen Hintergründe und die Systematik des deutschen Förderwesens vermittelte, geht es nun in die Praxis. Dieses Kapitel soll dem Leser Grundwissen zu den verschiedenen Stadien der Einwerbung von Fördermitteln vermitteln. Inhaltlich möchten wir Ihnen näherbringen, worauf Sie bei der Bewertung eines Vorhabens auf Förderfähigkeit achten müssen, wie Sie passende Förderprogramme finden, welche Informationen ein Ideenpapier enthalten soll, wie eine Projektskizze gegliedert wird, welche Informationen für die Antragstellung notwendig sind und was auf Antragsteller zukommt, wenn sie einen Zuwendungsbescheid bekommen haben.

3.1 Vorhaben auf Förderfähigkeit bewerten

Ist mein Unternehmen förderfähig? Wo muss ich Anträge erstellen, um für die vielen alltäglichen Investitionen in einem Unternehmen Zuschüsse zu erhalten und mit welchen Projekten gehe ich an den Start? Diese und andere Fragen zu Subventionen tauchen regelmäßig bei den Vorstandssitzungen und in den Geschäftsführerkreisen auf. Und wer macht das für uns und übernimmt diese zusätzliche Aufgabe?

Innerhalb der letzten 24 Jahren hat der Autor hierzu viele Vorgehensweisen beobachtet, seine eigene Strategie ausgearbeitet und immer wieder den Bedürfnissen und Anforderungen der Förderlandschaft angepasst. Mit der zunehmenden Zahl der unterschiedlichsten existierenden Förderprogramme ist es ratsam, eine für sein Unternehmen passende Strategie zu entwickeln und diese nach den Erfahrungen dann anzupassen.

Als erstes müssen wir feststellen, um welchen Typ Unternehmen es sich handelt und in welcher Branche das Unternehmen arbeitet. Mit der Einteilung des Unternehmens nach

C. M. Pfaff, G. Huck, *Öffentliche Fördermittel für die gewerbliche Wirtschaft*,
https://doi.org/10.1007/978-3-658-46982-5_3

Kleinunternehmen, Mittleres Unternehmen oder Konzern, öffnen oder schließen sich Programme und Förderinstrumente zur Beantragung von Fördermitteln. Als weiteres sollte der Branchencode des Unternehmens festgestellt werden. (NACE-CODE und Art der Tätigkeit) Mit dieser Aussage kann man, wie in Abschn. 2.4 dargelegt prüfen, ob man sich mit seinem Unternehmen laut AGVO auf der Positivliste befindet oder nicht. Wir gehen im nachfolgenden Abschnitt davon aus, dass der Antragsteller ein KMU ist und laut AGVO komplett förderbar ist.

3.1.1 Investition prüfen auf Förderfähigkeit[1]

Unter Investitionen verstehen wir alle in den drei nächsten Jahren vorliegenden Investitionen, die das Unternehmen plant und welche sich grob unterteilen in:

- Anlagen, Verfahren und Prozesse
- Immobilien
- Externe alternative Energieversorgung und Maßnahmen zur Energieeinsparung im Unternehmen. Diese Investitionen findet man meistens in den Capexplanungen der Unternehmen und es gilt die Faustregel: Investitionen ab einer Million Euro, die nicht direkte Ersatzbeschaffungen sind, sollte auf Förderfähigkeit geprüft werden.

Am Beispiel des Erwerbs einer neuen Produktionsanlage für einen mittelständische Betrieb können wir das Vorgehen verdeutlichen.

Ein mittelständisches Unternehmen (KMU) mit Sitz in Bayern (Regierungsbezirk Oberfranken) in der Branche der Metallverarbeitung denkt über einen neu zu entwickelnden Fertigungsprozess nach und möchte in diesem Zuge eine innovative Bearbeitungsanlage mit einem Lieferanten entwickeln und das zukünftige Produkt mit dieser Anlage in Serie fertigen. Die Investition beläuft sich auf drei Millionen Euro für die Anlage und zusätzlich eine Million Euro Personalkosten beim Antragsteller und beim Lieferanten für Entwicklung und Test der Anlage. Grundsätzlich stehen dem Antragsteller nun mehrere Möglichkeiten zur Verfügung, systematisch die richtigen Förderprogramme zu finden. Folgende Fragen sollten vor der Suche nach dem Programm beantwortet werden:

1. Wann soll die Anlage bestellt werden?
2. Ist diese Anlage eine reine Ersatzbeschaffung oder hat sie innovative oder energetische Aspekte, die förderwürdig erscheinen?
3. Geht diese Anlage über den Stand der Technik in der Branche hinaus und definiert somit einen neuen Stand der Technik?

[1] Das im Beispiel genannte Unternehmen und Vorhaben sind fiktiv. Ähnlichkeiten zu bestehenden Unternehmen oder Vorhaben sind Zufall und nicht beabsichtigt.

4. Gehen mit der Anschaffung der Anlage volkswirtschaftliche Effekte einher, die eine Förderung befürworten würden?
   a. Es werden Mitarbeiter aufgebaut
   b. Es wird ein innovatives Verfahren aufgebaut, welches sich signifikant von den herkömmlichen Verfahren unterscheidet.
   c. Die Anschaffung sichert mittelfristig den Standort des Unternehmens
   d. Mit der Entwicklung und Anschaffung der Anlage können besondere Effekte erzeugt werden, die über den Status Quo des Unternehmens hinausgehen: Energieeinsparung, Einsatz neuer innovativer Materialien, Aktivitäten hinsichtlich Umweltschutz, Rohstoffkreislauf etc.

Mit der Beantwortung dieser Fragen beginnt gezielt die Suche nach den richtigen Programmen:

▶ **Merke** Wir prüfen vom Bundesland, zum Bund und zum Schluss auf EU-Ebene!

Regionale Programme mit der Aufgabenstellung, zwingend eine zeitnahe Bestellung auszuführen!

Frage 1: Die Anlage muss in den nächsten zwei Monaten bestellt werden und der Lieferant muss beauftragt werden.

Antwort1: Aufgrund der Situation, dass das Unternehmen schnell bestellen muss und somit den Prozess in Gang setzten muss, fallen eine Vielzahl von Programmen auf Länder-, Bundes- und EU-Ebene weg, da eine Bestellung bei zweistufigen Antragsverfahren erst nach Erhalt eines Zuwendungsbescheides erfolgen darf. Mit einer Bestellung würde der Vorhabens- beginn verletzt und somit eine Förderung ausgeschlossen sein.

Somit ergibt sich nur die Möglichkeit, die Anschaffung über ein Programm mit einem einstufigen Verfahren zu beantragen. Aufgrund der Tatsache, dass das Unternehmen ein KMU im Sinne der EU ist und im Regierungsbezirk Oberfranken sitzt gibt es die Möglichkeit, die Investition über die Bayerische Regionalförderung (BRF) fördern zu lassen, die diese Investition mit immerhin bis zu 20 % Zuschuss je nach Unternehmensgröße begleitet.

Tipp 1: Eine Förderung im Programm BRF betrachtet immer einen Zeitraum von 36 Monaten. Das bedeutet, der Antragsteller sollte in der Capexplanung prüfen, welche weiteren Anschaffungen in aktivierungsfähige Investitionen am Standort in diesem Zeitraum durchgeführt werden, und diese mitbeantragen.

Tipp 2: Kalkulieren Sie im Antrag mit mindestens 20 % Sicherheitsaufschlag auf die Investitionssumme, damit Sie mögliche Preissteigerungen der Zukunft abfedern können.

Merke: Die ausgesprochenen Fördersummen können unterschritten werden. Mehrkosten, die die Investitionen mit sich bringen, werden nicht gefördert.

Mit der Abgabe des Antrages kann die Investition vorhabensunschädlich auf eigenes Risiko ausgelöst werden. Die Förderung berücksichtigt diese Ausgabe ab dem Zeitpunkt der Einreichung des Antrages.

Nun liegt der Fall vor, dass das Unternehmen nicht in einem Fördergebiet der Bayerischen Regionalförderung oder im Bundesgebiet in einem GRW Gebiet liegt. Auch dann gibt es weitere Möglichkeiten, die Anlage unter dem Aspekt der zeitnahen Bestellung in die Förderung zu bekommen.

Die Anlage verfügt über energetische Einsparungen gegenüber dem herkömmlichen Verfahren als Stand der Technik. Somit gibt es die Möglichkeit, die Mehrkosten dieser Anlage gegenüber einer Standardanlage fördern zu lassen. Der Antragsteller muss den tatsächlichen Mehrverbrauch der Standardanlage gegenüber der neuen Anlage belegen und erhält für die Energieeinsparung einen Zuschuss vom Bundesamt für Wirtschaft und Ausfuhrkontrolle (BAFA).

Der Antrag kann direkt im Portal des BAFA gestellt werden. Seit der Novellierung der Förderrichtlinien der verschiedenen BAFA-Programme Anfang 2024, dürfen Vorhaben erst begonnen werden, wenn der Zuwendungsbescheid ausgestellt ist.

3.1.2 Innovation

Frage 1: Wir haben bezüglich der geplanten Investition Zeit mit der Bestellung und können einen längeren Zeitraum bis zum Erhalt des Zuwendungsbescheides abwarten, um erst dann die Bestellung auszuführen.

Frage 2: Die Investition ist innovativ und unterscheidet sich maßgeblich vom Stand der Technik

Diese Aussage ermöglicht dem Antragsteller, zweistufige Antragsverfahren anzugehen und damit eröffnet sich eine Vielzahl von Programmen auf Regionaler-, Bundes- und EU-Ebene. Hier eröffnen sich nun zwei mögliche Förderrichtungen, die sich in der Höhe der zu erzielenden Fördersumme unterscheiden.

Projekte mit Forschungs- und Entwicklungscharakter mit der Anschaffung einer Anlage zur Demonstration des zu entwickelnden Verfahrens oder Produktes (Förderung bis 50 % der förderfähigen Kosten.)

Merke: Forschung und Entwicklung bedeutet, dass eine Idee hinschlich eines Produktes oder eines Verfahrens oder Produktionsprozesse entwickelt und erforscht werden soll und es mehrere mögliche Lösungen zur Erreichung des Zieles gibt, die es nun zu erforschen gilt. Ein weiteres Merkmal eines FuE Projektes ist die Tatsache, dass das Projekt mit einem Funktionsmuster, welches das Lastenheft positiv beantwortet, beschließt. Arbeiten darüber hinaus, wie die Entwicklung seriennaher Muster, sind nicht Bestandteil eines solchen Projektes: Laufzeit 36 Monate, hohes Risiko, Kooperationen mit Universitäten oder Forschungseinrichtungen in manchen Fällen Voraussetzung?

Projekte mit Demonstrationscharakter mit der Anschaffung einer Anlage zur Demonstration des Prozesses, Verfahrens oder Produktes werden in der Regel mit bis zu 30 % gefördert. Sie unterscheiden sich grundsätzlich von Forschungs- und Entwicklungsprojekten dadurch, dass der Weg bekannt ist, das Produkt bzw. das Verfahren umzusetzen, was aber bislang nicht umgesetzt wurde. Der Fördersatz fällt deswegen geringer aus, da die Wahrscheinlichkeit eines Scheiterns im Projekt geringer ausfällt. Meistens arbeiten in dieser Projektform auch keine externen Knowhow-Lieferanten wie Universitäten und Forschungseinrichtungen mit. Das Demonstrationsprojekt zeichnet sich auch daraus aus, dass die Laufzeit meist bei 24 Monaten liegt.

Schlussfolgerung

Bei der Bewertung von Projekten auf Förderfähigkeit sollte sich der Blick zuerst auf das antragstellende Unternehmen richten (Antragsteller sollte immer das Unternehmen sein, bei dem im Projekt der Großteil der Kosten anfällt). Die Unternehmensgröße (KMU oder Konzern) und der Wirtschaftssektor (NACE-Code) haben Einfluss darauf, welche Programme in Frage kommen.

Anschließend gilt es zu prüfen, ob es sich bei dem Projekt um ein Investitions- oder Innovationsvorhaben handelt (Investition in Wirtschaftsgüter und Aufbau von Personal versus Gewinnen von Erkenntnissen, Fertigkeiten und Fähigkeiten, um innovative Produkte und Dienstleistungen zu schaffen). Bei Innovationsprojekten sollte der Projektzeitraum zwischen 24 und 36 Monaten liegen

Man unterscheidet zwischen Landes- Bundes- und EU-Programmen. Die Prüfung auf Förderfähigkeit für diese Ebenen sollte von Land- zu Bund zu EU erfolgen.

3.2 Fördermittelrecherche

Allein in Deutschland existieren zwischen 2000 und 3000 verschiedene Förderprogramme auf Bundes- und Landesebene. Der Bereich EU ist hier noch gar nicht mit eingerechnet. Abonnenten des täglichen Newsletters des Bundesanzeigers wissen, dass dort stetig neue Richtlinien veröffentlicht und Änderungen bestehender Richtlinien angekündigt werden. Hier immer den Überblick zu behalten, welche Förderprogramme aktuell sind, ist unmöglich. Um festzustellen, mit welchen Programmen ein Vorhaben gefördert werden könnte, lohnt es sich, eine individuelle, projektspezifische Fördermittelrecherche anzustellen. Dafür gibt es einige Hilfsmittel sowie Tipps und Tricks, mit denen sich neben den großen, langfristig angelegten Programmen auch spezialisierte und zeitlich begrenzte Calls und Richtlinien finden lassen.

Bevor man die Fördermittelrecherche beginnt, gilt es Informationen zum potenziellen Antragsteller und dem geplanten Projekt einzuholen. In der Regel ist es sinnvoller zuerst ein Vorhaben aufzusetzen, ohne direkt Förderungen in die Planungen einzubeziehen. Die Förderrecherche dient dazu, mögliche Programme für ein Vorhaben auszumachen. Förderungen sollten nicht das Primärziel sein. Im Kern der unternehmerischen Planung stehen notwendige Maßnahmen, die das Unternehmen zukunftssicherer, resilienter oder effizienter aufstellen oder es ermöglichen, neue Geschäftsmodelle zu erschließen. Eine Förderung kann deren Umsetzung erleichtern, sollte jedoch nicht allein ausschlaggebend für diese sein. Außerdem muss klar sein, ob es sich um ein reines Investitionsvorhaben oder um ein Innovationsvorhaben handelt. Der Ort an dem das Vorhaben umgesetzt werden soll, ist ebenfalls ein Kriterium, welches sich auf die Fördermittelrecherche auswirkt.

Wie das antragstellende Unternehmen beschaffen ist, wirkt sich auch auf die Auswahl der Förderprogramme aus. Notwendige Informationen sind: die Anzahl der Mitarbeiter in Vollzeit (FTE), die Jahresumsätze (möglichst der vergangenen zwei bis drei Jahre), die Gesellschafterstruktur (gibt es Beteiligungen über 25 % am Unternehmen oder hält das Unternehmen Beteiligungen von über 25 % an anderen Betrieben) sowie der Wirtschaftssektor, in dem das Unternehmen tätig ist. Die FTE, die Beteiligungen und die Umsätze zeigen, ob es sich bei dem Antragsteller um ein KMU handelt oder nicht. Welchem Wirtschaftssektor ein Antragsteller zugeordnet ist, kann Auswirken darauf haben, ob ein Antrag in einem bestimmten Programm möglich ist oder nicht.

3.2.1 Grundlagen der Fördermittelrecherche

Um Förderprogramme auf Bundes- oder Landesebene der Bundesrepublik Deutschland zu finden, betreibt das Bundesministerium für Wirtschaft und Klimaschutz eine umfassende Datenbank. Auf dieser Förderdatenbank sind die meisten in Deutschland existenten Förderprogramme hinterlegt. In der Regel hält das Ministerium die Förderdatenbank auf dem aktuellen Stand. Neu veröffentlichte Programme sind jedoch nicht direkt sofort hinterlegt. In der Regel werden jedoch alle Änderungen und Neuerungen zeitnah nach ihrer Veröffentlichung im Bundesanzeiger auf der Datenbank umgesetzt. Praktisch an der Datenbank ist, dass sie Programme von vielen verschiedenen Institutionen enthält. Es ist also nicht unbedingt notwendig, individuell die Internetseiten von Ministerien oder sonstigen Fördergebern oder Projektträgern im Auge zu behalten. Hat man über die Förderdatenbank eine oder mehrere passende Programme gefunden, sollte man diese Programme jedoch zusätzlich auf den Seiten des Fördergebers suchen, um zu überprüfen, ob die Informationen übereinstimmen. Bei Call-basierten Programmen findet sich über die Förderdatenbank zwar die Richtlinie des Programms, jedoch nicht unbedingt die aktuellen Förderaufrufe.

Auf EU-Ebene gibt es ebenfalls ein Förderportal. Viele EU-Programme finden sich zwar auch in der Förderdatenbank des Bundes wieder. Jedoch sind dort meist nicht die aktuellen Fördercalls aufgeführt, sondern nur die Programme insgesamt. Da auf EU-Ebene noch mehr mit Fördercalls gearbeitet wird als auf Bundes- oder Landesebene, lohnt sich ein separater Blick in die EU-Datenbank. Weitet man die Recherche auf die EU-Ebene aus und zieht einen Antrag in einem EU-Projekt in Betracht, sollte man sich jedoch im Klaren sein, was das mit sich bringt: In EU-Programmen sind häufig Verbundprojekte antragsberechtigt. Der Antragsteller muss mindestens zwei weitere Verbundpartner vorweisen können. Die Verbundpartner müssen aus mindestens zwei weiteren EU-Mitgliedsstaaten kommen. Die Antragstellung in solchen Konsortien gestaltet sich erfahrungsgemäß als äußerst komplex. Denn, die meisten Programme auf EU-Ebene arbeiten Call-basiert. Anträge können nur bis zu bestimmten Fristen gestellt werden. Alle Antragsdokumente von allen Konsortialpartnern einzuholen und Inhalte wie die Vorhabenbeschreibung von allen Partnern abstimmen und freigeben zu lassen, ist sehr zeitaufwendig. Hier sollte man ausreichend Zeitpuffer einplanen. Aufgrund von Fördersätzen bis zu 90 % der förderfähigen Kosten kann sich ein Antrag auf EU-Ebene durchaus lohnen. Allerdings sollten die damit verbundenen Projektkosten vergleichsweise hoch ausfallen und eine internationale Partnerschaft schon in der Projektplanung angedacht worden sein.

Um die Fördermittelrecherche greifbarer zu machen, sollen hier zwei Beispiele durchexerziert werden, die veranschaulichen, worauf bei der Recherche zu achten ist und wie man relevante Programme auf Bundes-, Landes- und EU-Ebene findet.

3.2.2 Beispiel Investitionsvorhaben

Im ersten Beispiel geht es um ein Vorhaben eines Unternehmens[2] mit 1500 Mitarbeitern und einem Umsatz von 400 Mio. €. Das Unternehmen möchte an seinem Standort im Bezirk Unna in Nordrein-Westfahlen in eine neue energieeffiziente Fertigungslinie für Batterien investieren. Die Investitionskosten liegen bei 50 Mio. €. Durch die Investition werden zehn neue Arbeitsplätze vor Ort geschaffen. Mit der neuen Fertigungslinie soll eine Altanlage ersetzt werden, die in die Jahre gekommen ist und aufgrund der niedrigen Energieeffizienz nicht mehr wirtschaftlich betrieben werden kann. Das Unternehmen möchte die Investitionskosten nun mit einem möglichst hohen Fördersatz subventioniert bekommen.

Wir können unsere Fördermittelrecherche auf der Fördermitteldatenbank des BMWK starten. Hat man noch kein Vorwissen zu Förderungen und ist frisch in das Thema eingestiegen, könnte man ganz allgemein nach dem Stichwort Investition suchen. Diese Suche spuckt direkt weit über 1000 Ergebnisse aus. Viel zu viele, um sie alle durchzugehen. Ohnehin wird unser Unternehmen nicht in jedem der Programme einen Antrag stellen können. Aber die Förderdatenbank verfügt über Filter. Links neben den Suchergebnissen können wir die Ergebnisse ordnen. Naheliegend wäre es, das Fördergebiet einzugrenzen. Da das Vorhaben in NRW stattfinden soll, eigenen sich lediglich Programme, die in diesem Bundesland, oder dem Bund im Ganzen existieren. Setzen wir den Filter für NRW, werden aus den über tausend Programmen schon „nur“ ein paar hundert. Ein weiteres nützliches Filterkriterium ist „Förderberechtigte“. Wir suchen Förderungen für ein Unternehmen der gewerblichen Wirtschaft. Programme in denen beispielsweise nur Kommunen, Hochschulen, Forschungseinrichtungen oder Vereine Anträge stellen können, interessieren uns nicht. Ein zusätzlicher wichtiger Filter ist „Förderart“. Wir sind auf der Suche nach Zuschüssen. Ein weiterer Filter, den wir setzen können, betrifft die Unter-

[2] Das im Beispiel genannte Unternehmen und Vorhaben sind fiktiv. Ähnlichkeiten zu bestehenden Unternehmen oder Vorhaben sind Zufall und nicht beabsichtigt.

nehmensgröße. Der potenzielle Antragsteller in unserem Beispiel ist ein großes Unternehmen. Selbst wenn man die in manchen Richtlinien zu findende erweiterte KMU-Definition ansetzt (Unternehmen bis zu 1000 Mitarbeitern), liegt unser Unternehmen darüber. Somit kann man den Filter setzen und nur nach Förderungen für große Unternehmen suchen. So sind mit nur vier Filtern aus weit über 1000 Suchergebnissen unter 200 Ergebnisse geworden. Das sind immer noch viele und ein großer Teil davon wird nicht passen. Aber mit dieser Anzahl lässt sich besser arbeiten. Man kann nun die Liste überfliegen. Bei vielen Programmen ist bereits auf den ersten Blick klar, ob sie passen können oder nicht. Programme wie „Zukunftsprogramm Kino" oder „Bau von Betankungsschiffen für LNG und nachhaltige erneuerbare Kraftstoffalternativen in der Schifffahrt" sind für unser Vorhaben definitiv nicht geeignet. Gleiches gilt auch für alle Programme, die die Begriffe Forschung und Entwicklung im Titel tragen. Unser Vorhaben ist ein reines Investitionsprojekt. FuE ist nicht vorgesehen. Haben wir ein Programm gefunden, welches passen kann, lohnt es sich, die Detailansicht aufzurufen. In unserem Fall könnte das beispielsweise die Richtlinie „Zuwendungen zur Steigerung der Ressourceneffizienz und Circular Economy in der gewerblichen Wirtschaft und im Handwerk des Landes Nordrhein-Westfalen (FöRL Ressourceneffizienz und Circular Economy)" sein. Wie die Detailansicht zeigt, handelt es sich dabei um ein Landesprogramm Nordrhein-Westfalens, das sich an Unternehmen richtet. Weiter unten auf der Detailansicht gibt es die Auswahlmöglichkeiten „Kurzzusammenfassung", „Zusatzinfos" und „Rechtsgrundlage". Welche Informationen sich unter den ersten beiden Reitern finden, kann von Programm zu Programm unterschiedlich ausfallen. Mit Klick auf den Reiter Rechtsgrundlage hat man die besten Chancen einschätzen zu können, ob die Richtlinie geeignet ist oder nicht, auch wenn es vielleicht etwas länger dauert. Erinnern wir uns nun daran, was wir in Abschn. 2.1.2 über den Aufbau von Richtlinien gelernt haben, sollten wir uns gut zurechtfinden. Ein Blick auf Punkt 2 der Richtlinie zeigt direkt, dass wir hier falsch sind. Denn, es lassen sich über das Programm nur Technologien fördern, die neu sind, den Übergang zur Kreislaufwirtschaft unterstützen und noch nicht großtechnisch eingesetzt werden. Unsere Produktionslinie ist zwar energieeffizient, technisch jedoch bereits etabliert und auf einem industriellen Level verfügbar. Gehen wir die Liste weiter durch, stoßen wir auch einige passende Richtlinien. Beispielsweise die BKR-Bundesregelung Transformationstechnologien: Ein Programm, über das bis 2025 Investitionen in den Aufbau von Produktionskapazitäten für Transformationstechnologien gefördert werden. Unter anderem auch die Herstellung von Batterien. In der Liste tauchen dann auch noch weitere Programme auf, wie die GRW oder die Bundesförderung für Energie- und Ressourceneffizienz in der Wirtschaft. Wenn Arbeitsplätze geschaffen oder erhalten, CO_2 oder Ressourcen eingespart werden, dann können diese Standardprogramme greifen. Bei unserer Suche finden wir auch das Regionale Wirtschaftsförderprogramm Nordrhein-Westfalen: quasi die GRW, nur auf regionaler Basis. Eine kurze Lektüre der korrespondierenden Richtlinie zeigt zwar, dass das Programm grundsätzlich für uns geeignet ist. Aber die Maßnahmen, welche wir planen, im Programm nur für KMU förderbar sind. Dann gibt es noch Richtlinien wie „Dekarbonisierung der Industrie", die sich auf den ersten Blick vielversprechend anhören. Aber nur passen, wenn der Antragsteller einem

Sektor zuzuordnen ist, der Teil des europäischen Emissionshandels ist. Die chemische Industrie findet sich dort wieder. Nun ist die Frage, ob unser Unternehmen der chemischen Industrie zuzuordnen ist. Rückschlüsse darauf liefert der NACE-Code (vgl. Abschn. 2.4.1).

Auch wenn wir bei der Suche schnell fündig werden, stellen wir fest, dass der Großteil der Ergebnisse für unser Vorhaben nicht relevant ist. Das liegt daran, dass wir mit „Investition" einen sehr allgemeinen Begriff gewählt haben. Es kann jedoch durchaus sinnvoll sein, so vorzugehen. Vor allem, wenn man eher wenig Erfahrung mit Fördermitteln hat. Eine allgemeine Suche vermittelt einen guten Eindruck, was die deutsche Fördermittellandschaft insgesamt zu bieten hat und zeigt, wie kleinteilig sie sein kann. Wenn wir den allgemeineren Begriff richtig gewählt haben, ist es relativ sicher, dass die für unser Vorhaben relevanten Programme auch in der Liste auftauchen. Möglicherweise stoßen wir über den breiteren Ansatz auch auf ein Programm, welches sich erst auf den zweiten Blick als geeignet herausstellt. Kann man sich die Zeit nehmen, ist das umfassendere Durcharbeiten von Listen mit potenziellen Förderprogrammen eine valide Recherchestrategie. Man kann dabei sein Wissen über Förderprogramme stetig erweitern und den Umgang mit Richtlinien einüben.

Wenn es schneller gehen muss, können spezifischere Suchen der bessere Weg sein. In unserem Beispielfall geht es um die Investition in eine Fertigungslinie für Batterien. Also könnten wir als Suchwort „Batterie" wählen. Wenn wir nun wieder die relevanten Filter auswählen, kommen wir auf etwa 15 Ergebnisse. Diese Liste ist zwar schnell abgearbeitet. Im Vergleich zu unserer breiter aufgestellten Suche fällt jedoch auf, dass nur eines der Programme, welche wir zuvor gefunden haben, in der Liste auftaucht. Die GRW-Förderung oder die EEW-Richtlinie haben beispielsweise nicht direkt mit dem Thema Batterie zu tun. Indirekt können Projekte aus diesem Themenbereich dort jedoch gut passen. Es kommt nicht nur auf das Thema der Investition an, sondern auch auf deren Effekte.

Ob nun spezifische Suche oder breit aufgestellte Recherche, meistens wird man ein passendes Programm finden. Bei mehreren möglichen Richtlinien lassen sich die Fördersätze vergleichen und dann die beste auswählen. Außerdem schadet es nicht, Alternativen vorweisen zu können: Denn auf Förderung gibt es kein Anrecht. Nur weil ein Vorhaben formell zu einer Richtlinie passt, heißt das nicht, dass es zu einer Bescheidung kommt.

Abseits der Förderdatenbank sind bei Investitionsvorhaben die Internetseiten der Förderbanken der Länder gute Recherchequellen. Vor allem, wenn die Recherche schnell gehen soll und man Programme auf Landesebene sucht, wird man dort schnell fündig. Auf Bundesebene gibt es für Investitionsvorhaben normalerweise umfassendere Richtlinien wie die GRW oder die EEW. Teilweise kommen auch spezifischere Investitionsförderprogramme hinzu, beispielsweise die BKR-Bundesregelung Transformationstechnologien. Diese Richtlinie entstand aus einem EU-Förderrahmen, den die EU-Kommission als Reaktion auf den Krieg in der Ukraine und dessen wirtschaftlicher Folgen für Europa auflegte. Das Wirtschaftsministerium baute basierend auf diesem Rahmen ein Investitionsförderprogramm auf. Geopolitische Ereignisse oder globalwirtschaftliche Trends haben immer wieder Förderprogramme zur Folge. Ein weiteres Beispiel wäre die Subventionierung von E-Fahrzeugen. Um solche Programme auf dem Schirm zu haben, bieten sich die

Newsletter von Bundes- oder Landesministerien oder des Bundesanzeigers an. Je nachdem, wie umfassend die Programme sind, finden sie manchmal den Weg in die Berichterstattung großer Mediendienste: Exemplarisch dafür liest sich eine Förderung zur Dekarbonisierung der Industrie von August 2024. Sowohl ARD und ZDF als auch das Wallstreet Journal berichteten über das Programm. Solche Meldungen können Anlass für eine weiterführende Recherche sein. Denn, die Details dazu lassen sich nur der Richtlinie entnehmen.

Möchte man Förderopportunitäten für eine Investition ausmachen, sollte der erste Schritt in der Recherche zu den „alten Bekannten“ führen. Dazu zählt die GRW und seit 2019 auch die Bundesförderung für Energie- und Ressourceneffizienz in der Wirtschaft (EEW). Auf Landesebene lassen sich die Bayerische oder Nordrhein-Westfälische Regionalförderung anführen. Zumindest bei der GRW oder den Regionalförderungen ist schnell geprüft, ob ein Projekt oder das antragstellende Unternehmen förderfähig sind. Ein Blick auf die den Richtlinien zugeordneten Fördergebietskarten zeigt, ob ein Investitionsort in einem Fördergebiet liegt oder nicht. Die Größe des antragstellenden Unternehmens gibt Aufschluss über den erwartbaren Fördersatz. Die Branche des Antragstellers zeigt wiederum, ob er grundsätzlich förderfähig ist. Essenziell für diese erste Analyse ist, dass man sich auf die aktuelle Version einer Richtlinie bezieht. Die Grundzüge eines Programms wie die GRW ändern sich zwar von Novellierung zu Novellierung nicht, dafür aber Details. Auch die Fördergebiete sind nicht fest. Sie werden für bestimmte Zeiträume aufgestellt und dann erneut evaluiert. Bei der Recherche muss man aufpassen, dass man die Fördergebietskarte der aktuellen Förderperiode vorliegen hat. Das gilt sowohl für den Bund als auch für die Länder. Bei Programmen wie der EEW ist die präzise Einstufung auf Förderfähigkeit etwas diffiziler. Hier gibt es verschiedene Module mit unterschiedlichen Fördermodalitäten. Unter Umständen kann ein Projekt auch für mehrere Module funktionieren. Die Lektüre von Richtlinien und Merkblättern ist ein guter Anfang. Jedoch werden auch Investitionsförderprogramme immer komplexer. Die Selbstrecherche kann ein sinnvoller erster Ansatz sein. Ob ein Vorhaben jedoch förderfähig ist, kann am besten ein Profi beurteilen. Erfahrungen mit unterschiedlichen Projekten und Programmen ist durch nichts zu ersetzen.

3.2.3 Beispiel Innovationsvorhaben

In diesem Beispiel geht es darum, dass ein Unternehmen[3] mit 450 Mitarbeitern und einem Umsatz von 80 Mio. € ein innovatives energieeffizientes Produktionsverfahren für Carbonfasermatten entwickeln möchte. Das Verfahren setzt sich aus mehreren Arbeitsschritten zusammen, die über Materialflusstechnik verbunden sind. Die Kosten für das Vorhaben belaufen sich auf drei Millionen Euro. Das neu zu entwickelnde Herstellungsverfahren übertrifft den Stand der Technik in der Branche und seine Entwicklung ist mit erheblichen

[3] Das im Beispiel genannte Unternehmen und Vorhaben sind fiktiv. Ähnlichkeiten zu bestehenden Unternehmen oder Vorhaben sind Zufall und nicht beabsichtigt.

technischen, wissenschaftlichen und wirtschaftlichen Risiken verbunden. Das Vorhaben soll am Standort des Unternehmens in Sachsen-Anhalt umgesetzt werden.

Wie bei der Investitionsförderung auch, können wir unsere Recherche auf der Förderdatenbank starten. Nun haben wir die Wahl, ob wir mit einer breiten Suche einsteigen oder bereits von Anfang an unsere Suche thematisch eingrenzen. Wenn wir unsere Suche breit beginnen und lediglich nach „Forschung" suchen, bekommen wir über 600 Ergebnisse ausgespielt. Auch wenn bei Forschungsförderungen der Standort des Vorhabens keinen großen Einfluss auf die Förderfähigkeit hat, (anders als reine Investitionsprojekte sind FuE-Projekte ortsunabhängig förderbar, da sie über den angestrebten Erkenntnisgewinn einen Mehrwert für die Bundesrepublik und deren Wirtschaft liefern) ist es sinnvoll den Fördergebietsfilter der Förderdatenbank zu nutzen. Filtert man nach einem Bundesland, werden Bundesprogramme weiterhin angezeigt, jedoch zusätzlich nur die Landesprogramme aus dem gewählten Bundesland. In unserem Fall lässt sich dadurch die Anzahl der Suchergebnisse mehr als halbieren. Wählen wir beim Filter „Förderberechtigte" noch Unternehmen aus, sinkt die Zahl weiter. Die Auswahl „Zuschuss" im Filter „Förderart" reduziert die Ergebnisse erneut. So kommen wir von über 600 auf etwas über 150 mögliche Programme. Man könnte noch den Filter „Unternehmensgröße" nutzen. In unserem Fall gibt es ein Argument, warum man davon absehen sollte. Unser Beispielunternehmen ist kein KMU nach der Definition der Europäischen Union. Allerdings liegt das Unternehmen mit der Mitarbeiterzahl und dem Umsatz in einem Bereich, der in manchen Programmen den „Mittelständischen Unternehmen" zugeordnet wird. Es gibt typische KMU-Programme, die auch Unternehmen bis 500, teilweise sogar 1000 Mitarbeitern offenstehen. Diese Programme wollen wir nicht aus der Suche ausschließen. Dementsprechend kann es in Ausnahmefällen sinnvoll sein, den Unternehmensgrößenfilter nicht zu nutzen.

Wollen wir uns die Zeit nehmen, können wir alle Ergebnisse der Liste durchgehen. Dadurch bekämen wir einen guten Eindruck, was auf Bundesebene und im Land Sachsen-Anhalt an Forschungsförderung existiert. Ein Großteil der Liste wird jedoch nicht für unser spezielles Vorhaben geeignet sein. Allerdings ist die Gefahr auch gering, dass wir ein potenziell geeignetes Programm übersehen. Nun müssen wir Kosten und Nutzen abwägen. Eine Ergebnisliste mit 100 bis 200 Resultaten wirkt erst einmal erschlagend. Bei den meisten Programmen lässt sich aber schon am Titel erkennen, ob sie in Frage kommen oder nicht. Dementsprechend könnten wir uns zügig durch die Liste arbeiten. Ob man sich diese Zeit nehmen möchte und kann, muss im Einzelfall entschieden werden.

Gehen wir bei unserer Recherche gezielter vor und suchen nach „Carbon", erhalten wir eine Suchliste mit etwa zehn Ergebnissen. Diese Liste ist schnell durchgearbeitet. In der Liste finden sich jedoch sowohl Investitions- als auch Innovationsförderprogramme. Darauf muss man bei der Auswahl achten. Um welche Art von Programm es sich handelt, lässt sich normalerweise innerhalb kürzester Zeit feststellen. Die Antwort findet sich oft bereits im Titel. Stecken darin die Bezeichnungen Forschung oder Entwicklung, ist klar, welcher Fokus gegeben ist. Ansonsten reicht ein Klick auf das Förderprogramm aus. Bereits die Kurzzusammenfassung des Programms in der Förderdatenbank gibt Aufschluss darüber, um welche Art von Förderung es sich handelt.

Ein weiterer Punkt, auf den man achten sollte, betrifft die Aktualität der aufgeführten Programme. In den meisten Fällen ist die Förderdatenbank auf dem neuesten Stand. Befindet sich eine Richtlinie jedoch gerade in der Novellierung, kann es passieren, dass eine abgelaufene Version aufgeführt wird, weil die neue Version noch nicht veröffentlicht wurde. Ein Beispiel dafür findet sich zufällig in der „Carbon" Suche (Stand August 2024). Auf Seite 1 der Ergebnisse ist das Programm „Dekarbonisierung der Industrie" aufgeführt. Da der Vorhabeninhalt unseres Beispielunternehmens in der Entwicklung eines energieeffizienten Produktionsprozesses besteht, könnte dieses Programm passen. Die Kurzzusammenfassung erläutert, dass über das Programm Forschung, Entwicklung, Erprobung sowie Investitionen in bestimmte Anlagen gefördert werden. Dazu gehören „treibhausgasarme/-neutrale Herstellungsverfahren", „innovative und hocheffiziente Verfahren zur Umstellung von fossilen Brennstoffen auf strombasierte Verfahren", „integrierte Produktionsverfahren sowie innovative Verfahrenskombinationen", „alternative Produkte und dazugehörige Herstellungsverfahren und Anlagen" sowie Brückentechnologien (vgl. Bundesministerium für Wirtschaft und Klimaschutz, 2020). Unser energieeffizienter innovativer Produktionsprozess passt also fördertechnisch hinein. Aber, damit ist die Recherche nicht abgeschlossen. Denn, die Kurzzusammenfassung informiert uns ebenfalls darüber, dass Antragsteller in energieintensiven Industrien tätig sein müssen. Welche Wirtschaftssektoren in diese Kategorie gehören, entnehmen wir der Richtlinie. Diese ist ebenfalls in der Förderdatenbank unter dem Reiter „Rechtsgrundlage" hinterlegt. Wie wir aus Abschn. 2.2 gelernt haben, finden wir Informationen zu den antragsberechtigten Unternehmen und Institutionen unter dem Gliederungspunkt „Zuwendungsempfänger". Hier erfahren wir, dass Unternehmen antragsberechtigt sind, deren Anwendungsbereich im EU-Emissionshandel erfasst ist. Bevor wir diesen Faktor überprüfen, sollten wir noch die Gültigkeit der Richtlinie überprüfen. Die hinterlegte Richtlinie zu „Dekarbonisierung der Industrie" (Stand August 2024) ist vom 16. Dezember 2020 (vgl. Bundesministerium für Wirtschaft und Klimaschutz, 2020). Das muss nicht heißen, dass die Richtlinie veraltet ist, aber es sollte uns zumindest zu einer kurzen Prüfung veranlassen. Am Ende des Textes unter dem Gliederungspunkt „Geltungsdauer" steht, dass die Richtlinie bis Juni 2024 gültig ist. Das heißt, Stand August 2024 könnten wir in dem Programm keinen Antrag stellen, unabhängig davon, ob unser Beispielunternehmen antragsberechtig ist und das Vorhaben thematisch passt.

Nun eröffnen sich uns zwei Möglichkeiten. Wir können weiterecherchieren und versuchen eine andere passende Richtlinie zu finden, oder wir untersuchen, ob die Richtlinie, welche wir uns gerade angesehen haben, erneuert wurde. Informationen dazu können wir auf der Seite des für die Richtlinie zuständigen Ministeriums finden, in diesem Fall das BMWK. Wenn wir auf dessen Seite über die Suchfunktion „Dekarbonisierung der Industrie" suchen, werden wir schnell fündig. Das Ministerium hat die Richtlinie nicht nur erneuert, sondern angepasst. Der Pressemeldung dazu ist auch die Richtlinie als pdf angehängt (vgl. Bundesministerium für Wirtschaft und Klimaschutz, 2024). Nun können wir recherchieren, ob unser Projekt auch nach dieser Richtlinie förderfähig wäre. Bei der Lektüre der Richtlinie stellen wir schnell fest, dass es sich bei dem Dokument noch um eine vorläufige Version handelt. Ein Satz am oberen Dokumentenrand informiert uns darüber, dass die eigentliche Veröffentlichung der Richtlinie im Bundesanzeiger noch aussteht. Teilweise dauert es etwas, bis Richtlinien im Bundesanzeiger veröffentlicht werden. Vorläufige Versionen sind in der Regel ein guter Indikator dafür, was in der eigentlichen Richtlinie stehen wird. Oft ändert sich inhaltlich im Vergleich zur veröffentlichten Version nichts mehr. Aber, es ist wichtig, trotzdem die Veröffentlichung im Bundesanzeiger abzuwarten. Denn, nur auf diese Version kann man sich nachweislich beziehen, wenn es um die Antragstellung geht. Deswegen bietet es sich für jeden, der mit Fördermitteln zu tun hat oder in absehbarer Zeit damit zu tun haben könnte an, den Newsletter des amtlichen Teils des Bundesanzeigers zu abonnieren. Darin veröffentlicht das Bundesministerium für Justiz, welches für den Bundesanzeiger zuständig ist, unter anderem alle neuen und abgeänderten Förderrichtlinien und Förderaufrufe des Bundes. Für Akteure, die im Bereich Fördermittel auf Stand bleiben möchten, ist dieser Newsletter eine gute Informationsquelle. Allerdings werden dort nur Programme und Aufrufe auf Bundesebene veröffentlicht. Förderungen auf Landesebene findet man dort nicht.

Wer auch in den Ländern über die sich stetig entwickelnde Förderlandschaft im Bereich Forschung und Entwicklung auf dem Laufenden bleiben möchte, hat einiges an Arbeit zu investieren. Die großen deutschen Projektträger (Beispiele dafür in Abschn. 2.2) setzen nicht nur auf Bundes- sondern auch auf Landesebene Förderprogramme um. Auch sie haben Newsletter, denen man folgen kann. Die Landesförderbanken veröffentlichen ebenfalls Neuigkeiten zu ihren Förderprogrammen. Zudem existieren noch landesspezifische Projektträger, beispielsweise Bayern Innovativ. Landesministerien informieren, wie Bundesministerien ebenfalls, über Fördermittel. Alle diese Kanäle zu monitoren ist für Akteure, die sich nicht beruflich und deutschlandweit mit Fördermitteln beschäftigen, jedoch übertrieben. Die dafür aufgewendete Zeit steht für Personen, die sich nur sporadisch mit Fördermitteln beschäftigen müssen, kaum in einem positiven Verhältnis zu der Zeit, die eine gezielte Fördermittelrecherche im Bedarfsfall in Anspruch nimmt.

3.2.4 Exkurs: Fördermittelrecherche auf EU-Ebene

Dieses Buch befasst sich mit dem deutschen Förderwesen. Aber, ganz ohne den Bezug zu Europa kommt auch das nicht aus. Das zeigte schon Abschn. 2.1.1 mit dem Bezug zur AEUV und AGVO. Da auch manche Landesprogramme in Deutschland über EU-Gelder kofinanziert werden, wollen wir hier auch kurz auf die Fördermittelrecherche auf EU-Ebene eingehen. Für manches Vorhaben mögen EU-Programme genau das richtige sein. Deswegen soll dieser Bereich nicht gänzlich unter den Tisch fallen. Man findet EU-Programme auch über die Förderdatenbank. Dort sind jedoch meist nur die übergreifenden Programme aufgelistet. Die allermeisten davon arbeiten mit Fördercalls. Außerhalb der Calls bestehen die Richtlinien zwar weiter, allerdings kann man in ihnen nichts beantragen. Um sich bei der Masse und Spezifität der EU-Calls zurechtzufinden, hat die Europäische Kommission ein eigenes Förderportal aufgesetzt. Dieses Portal enthält nicht nur eine

Suchfunktion für Förderaufrufe, sondern auch eine Datenbank für geförderte Projekte. Eine Recherche darin kann sinnvoll sein, um sich einen Überblick zu verschaffen, welche Projekte auf EU-Ebene gefördert werden. Die Suchfunktion für Calls enthält, wie die Förderdatenbank, ein Feld für die Stichwortsuche. Man kann die Seite zwar in einer deutschen Version anzeigen, allerdings erzeugt das keine 1:1 Kopie der Seite ins Deutsche. Die besten Resultate erzielt man, wenn man mit der englischen Originalversion der Seite arbeitet. Da Englisch als Lingua Franca ideal ist, um sich auf EU-Ebene zu verständigen, funktionieren die meisten EU-spezifischen Seiten und Services in Englisch am besten.

Bei den Filteroptionen des EU-Portals muss man aufpassen, dass man die aktuelle Programmperiode auswählt. Dort ist neben der aktuellen auch die vorherige hinterlegt, falls man Informationen zu vergangenen Aufrufen benötigt. Beim Filter „Programme" und „Call" sollte man nichts auswählen. Außer man weiß bereits von einem bestimmten Aufruf in einem Programm. Beim Filter „Submission Status" sind die sinnvollsten Einstellungen „open for submission" und „forthcoming". Hat man über ein Stichwort dann einen passend erscheinenden Call gefunden, geht es in die weitere Analyse. Bei offenen Calls lohnt sich erst immer ein Blick auf die Deadline. Bei EU-Calls gibt es normalerweise ein wettbewerbliches Verfahren für die Aufrufe. Das heißt, als potenzieller Antragsteller muss man einen Aufruf „gewinnen", um die Förderung bekommen zu können. Dieses Verfahren ist umfangreich und zeitaufwendig. Das liegt unter anderem daran, dass man die Einreichung mit den verschiedenen Projektpartnern abstimmen muss (EU-Programme fördern fast immer Kooperationsprojekte). Deswegen lohnt es sich nach „forthcoming" Calls zu suchen. Liegt der Beginn der Einreichungsphase noch in der Zukunft, kann man sich darauf vorbereiten. Die Einreichungsphase selbst umfasst häufig einen Zeitraum zwischen drei und sechs Monaten. Trotz des Aufwands und des Zeitdrucks können sich EU-Calls durchaus lohnen. Je nach Beschaffenheit, belaufen sich die maximalen Fördersätze auf bis zu 90 % der förderfähigen Kosten. Hat man Zeit und Ressourcen oder externe Hilfe, um sich um das komplexe Antragsverfahren zu kümmern, sowie eine internationale (EU-weit) Projektpartnerschaft in Aussicht, können EU-Förderungen ein valider Weg sein, umfassende Subventionen zu erhalten.

Schlussfolgerung

Aufgrund der weitläufigen und sich stetig entwickelnden Natur des deutschen Förderwesens ist es unmöglich für eine Person den Überblick über alle Programme zu behalten. Gerade bei enger gefassten Themen lohnt sich eine Fördermittelrecherche in der Förderdatenbank des Bundes oder auf den Seiten der Landesförderbanken.

Die Stichwortsuche in Datenbanken liefert häufig viele Resultate, von denen einige aufgrund der Beschaffenheit des Vorhabens oder des Antragstellers von vorne hinein vornherein ausgeschlossen sind. Um den Überblick zu behalten, lohnt es sich mit Suchfiltern zu arbeiten (Art der Förderung, Antragsberechtigter, Vorhabensort etc.)

Förderdatenbanken sind nicht immer topaktuell. Hat man ein passendes Förderprogramm gefunden, sollte man einen kurzen Blick in die Richtlinie werfen, ob das Programm noch gültig ist und Anträge immer gestellt werden können oder an zeitlich begrenzte Fördercalls gebunden sind.

3.3 Ideenpapier erstellen

Ein Ideenpapier dient dazu, mit den zuständigen Stellen in Kontakt zu treten und in einem ersten Gespräch festzustellen, ob das geplante Projekt in das aktuelle Programm der Förderstelle grundsätzlich passen würde und ob es gegebenenfalls alternative Programme zur Förderung des Vorhabens gibt. Das Ideenpapier sollte kurz und prägnant gehalten sein. Es benötigt die wichtigsten Informationen zur Einordnung des Vorhabens und zu einer Ersteinschätzung. Grundsätzlich kann das Ideenpapier als kurze Präsentation oder als Fließtext verfasst werden. Die wichtigsten Informationen lassen sich wie folgt gliedern:

1. Der Antragsteller: Kurze Information über das antragstellende Unternehmen mit Standort, Umsatz und Zahl der Vollzeitbeschäftigen (gegebenenfalls bereits jetzt erfolgt die Einordnung KMU oder Konzern; vgl. Abschn. 2.1.3)
2. Motivation: Vorstellung der Investition oder Innovation als Headline und Einordnung des Projektes in die Hauptausrichtung (CAPEX oder OPEX) und dem Projektziel und die sich daraus ergebende Einordnung in das angedachte Förderprogramm
3. Stand der Technik: Beschreibung des aktuellen Stands der Technik
4. Innovative Elemente des Vorhabens: Produktinnovation – Verfahrensinnovation, Investition in Anlagen und Prozesse – Überschreitung des Stands der Technik und deren sich daraus ergebenden Effekte
5. Kosten und Zeitdauer des angedachten Vorhabens bis zur Umsetzung

Mit diesen ersten Informationen ist eine positive Kontaktaufnahme mit den Förderprojektträgern oder den Regierungsstellen möglich. Sollte ein Förderprogramm bereits bekannt sein oder besteht die Idee sich in einem Förderaufruf zu bewerben, ist es wichtig die dazugehörigen Förderprogramme und deren dazugehörigen Richtlinien vorab zu lesen und in das Ideenpapier als Förderschlagwörter mit einfließen zu lassen.

Achtung: Wichtig ist es das eigene Vorhaben nicht an die angedachten Förderprogramme anzupassen und gegebenenfalls inhaltlich so abzuändern, dass das Vorhaben dann in der Durchführung mit dem Ausgangspunkt nur noch wenig zu tun hat. Das Ideenpapier sollte kurz und prägnant sein und es bietet sich an, eine technische Tiefe im ersten Zuge zu vermeiden.

Schlussfolgerung

Über das Ideenpapier lässt sich die grundsätzliche Förderfähigkeit eines Projekts in einem bestimmten Programm überprüfen. Das Ideenpapier richtet sich an den zuständigen Projektträger und legt die wichtigsten Informationen zum Vorhaben in Kürze dar:

- Antragsteller
- Motivation
- Stand der Technik
- Innovation
- Kosten

Bei der Erstellung des Ideenpapiers sollte man sich an der Richtlinie des Programms orientieren. Allerdings sollten Vorhaben nicht zwanghaft an Richtlinien angepasst werden. Wenn es inhaltlich nicht passt, lieber nach einem Alternativprogramm suchen.

3.4 Skizze anfertigen

Mit der Aufforderung des Projektträgers oder der öffentlichen Förderstelle eine Skizze zum Vorhaben auf ein Förderprogramm einzureichen, muss selbstverständlich den Vorgaben des Förderprogramms gefolgt und die aktuelle Gliederung zum Programm verwendet werden. Vergewissern Sie sich, dass Sie die aktuell gültigen Formulare und Gliederungen der Förderstelle verwenden, die in der Regel auf deren Internetseite veröffentlicht sind. Viele Förderprogramme geben die Schriftgröße und die maximale Seitenanzahl zur festen Gliederung vor, um zum Beispiel in einem Förderaufruf die Erstprüfung der eingereichten Skizzen den Prüfern zu erleichtern.

Die Erstellung einer Förderskizze ist der wichtigste Akt im Förderprozess, da die passende Aufarbeitung der Projektidee über die endgültige Förderung entscheidet und nun im geplanten Vorhaben die Schwerpunkte des Projektes herausgearbeitet werden müssen. So sollte sich der Ersteller einer Skizze bewusst sein, in welchem Förderprogramm er beantragen möchte, wer der Mittelgeber ist und welches Ziel der Förderaufruf beinhaltet.

Es unterscheiden sich die Interessen der Ministerien und der Förderprogramme entlang der Technologie Readiness Level und es ist das Ziel mit der Projektidee diese Interessen positiv zu bejahen. Um dies zu verdeutlichen ein Beispiel:

Ein Aufruf des Bundesministeriums für Bildung und Forschung BMBF ist in der Regel sehr forschungslastig und setzt die interdisziplinäre Zusammenarbeit mit Universitäten oder Forschungseinheiten voraus. So sollten Ausschlusskriterien im Förderaufruf geprüft werden, da diese bei Nichtvorhandensein im Projekt meist zu einer Absage führen werden. Gibt es die Möglichkeit, die Skizze vorab mit dem Förderträger zu vertiefen, (Beratungsstellen bzw. Informationsveranstaltungen der Projektträger) sollte dies genutzt werden.

3.4.1 Technische Angaben

Im Abschnitt der technischen Angaben zu einem Förderprojekt sollte mittels fundierter Zahlen, Daten und Fakten die Projektidee erarbeitet werden. Sinnvoll ist dazu auch die technische Kompetenz des eigenen Unternehmens (eigene F&E Abteilung, bereits zur Beantragung gestellte Patente oder Gebrauchsmusterschutz) zu nennen. Es ist in der Skizze wichtig eine technische Tiefe zu erreichen, die dem Programm und den Förderaufruf wie gefordert Rechnung tragen. Dabei können auch Zeichnungen und weitere Veranschaulichungshilfen genutzt werden, insoweit sie nicht auch als Anlage zur Projektskizze eingereicht werden können.

Handelt es sich beispielsweise bei der Projektidee um eine Maßnahme, die Energieeinsparungen zur Folge haben wird, ist es unabdingbar den heutigen Stand der Energieverbräuche zur angezielten Einsparung in Jahresverbräuchen zu nennen.

So kommen in der Regel zu den obigen Punkten des Ideenpapiers weitere technische Punkte dazu, die beantwortet werden müssen:

1. Technische Innovation & Schwierigkeitsgrad: Beschreibung der technischen Problemstellung, zu erwartende technische Probleme und Grenzen, Lösungsansätze
2. Beschreibung der technischen Vorteile, sowie Nutzen und Einsatzgebiete der Ergebnisse des Vorhabens, Einordnung der Übertragbarkeit auf andere Branche und Wirtschaftszweige, volkswirtschaftlicher Nutzen
3. Risiken: Quantifizierung und Evaluation der technischen Risiken der Entwicklung
4. Kooperationspartner: Arbeitsinhalte der Kooperationspartner und Art und Weise der Zusammenarbeit im Projekt, Name und Fachausrichtung der Kooperationspartner und Unterauftragnehmer. Wichtig ist es hier, dass die angedachten Partner im Projekt in die Skizzenerstellung involviert sind

3.4.2 Kaufmännische Angaben

Die kaufmännischen Angaben werden in den Förderprogrammen und Aufrufen klar definiert und sind vollständig zu beantworten. Neben dem Antragsteller und dem tatsächlichen Ort der Durchführung eines Vorhabens können die Informationen wie folgt unterteilt werden:

Antragsteller, Kosten und Zeitplanung des Fördervorhabens
Antragsteller: Beim Antragsteller ist tatsächlich die rechtliche Einheit gemeint, welche den Förderantrag stellt, das Projekt durchführt und bei welchem die Hauptkosten des Projektes entstehen und auch dann nachgewiesen werden müssen. Wir sprechen hier auch vom Zuwendungsempfänger. Wichtig ist es für den Zuwendungsgeber (Behörde, Projektträger, Ministerium) in diesem Zuge zu erfahren, wer der Antragsteller ist. So müssen neben einem aktuellen Handelsregisterauszug auch die Gesellschafter des Antragtellers transparent mittels eines Gesellschaftsvertrages und einem Gesellschaftsorganigramm dargelegt werden.

Aufgabe und Ziel des Zuwendungsgebers ist es den Zuwendungsempfänger in die Klassifizierung eines KMU oder Konzerns einzuordnen ist und als weiteres zu prüfen, ob der Wirtschaftsbereich des Antragstellers im Rahmen des Förderprogramms positiv eingeordnet werden kann. Mittels der Bilanzen der letzten drei Jahre und einer aktuellen BWA verschafft sich der Zuwendungsgeber einen Eindruck über die Bonität des Unternehmens und löst die Fragestellung einer Absicherung der Durchfinanzierung des Gesamtvorhabens. Bei mittelständischen Unternehmen wird in der Regel auch eine sogenannte Bank-zu Bank Auskunft, beispielsweise in Form einer Durchfinanzierungsbestätigung, dem Antragsteller über die Gesamtfinanzierung abverlangt.

Mit der Offenlegung der Gesellschaftsstruktur wird auch geprüft, ob ein mehrheitlicher Auslandsbesitz vorliegt und wo in diesem Falle zukünftiges Know-how in Patenten angemeldet und geführt wird.

Kosten und Zeitplanung eines Fördervorhabens

Die Kosten und Zeitplanung des Fördervorhabens sind einige der wichtigsten Hilfsmittel und Werkzeuge, um einem Förderprojekt in der Durchführung einen sicheren Rahmen und Korridor zu geben. Öffentliche Fördermittelprojekte werden in der Regel mit maximal 36 Monaten angesetzt und geplant. Mittels einer GANTT-Planung werden Hauptarbeitspakete festgelegt, die die Umsetzung des Projektes beschreiben. Dabei ist wichtig, dass in diesen Arbeitspaketen die sinnvolle und interdisziplinäre Zusammenarbeit der Projektpartner erkennbar ist (vgl. Abb. 3.1).

Nun können den einzelnen Arbeitspaketen die entstehenden Kosten (Personalkosten, Materialkosten, Instrumente, F&E Fremdleistungen etc.) zugeordnet werden. Wichtig ist es dabei die Vorgaben der Richtlinie des zu beantragenden Programms zu beachten und gegebenenfalls dazu auch die zur Verfügung gestellten Nebenbestimmungen und Anleitungen zur Antragstellung zu berücksichtigen. Dieser Punkt wird aber in Abschn. 3.5 nochmals ausführlich vertieft.

Der Projektträger erhält neben dem technischen Teil des Förderprojektes jetzt auch den kaufmännischen Teil mit den Gesamtkosten des Vorhabens und kann damit grundsätzlich auf Grund der Größe des Unternehmens eine mögliche Förderquote für das Vorhaben bestimmen.

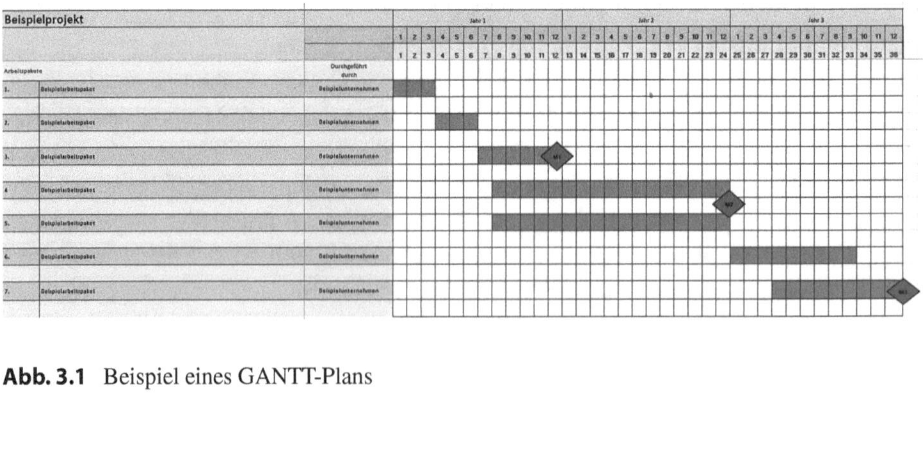

Abb. 3.1 Beispiel eines GANTT-Plans

Beabsichtigen Sie in einem Förderprogramm ein Vorhaben einzureichen, sollten Sie sich vorab in der Richtlinie oder direkt beim Projektträger erkundigen, mit wieviel Geld die Richtlinie ausgestattet ist, um nicht von vorneherein ein Ausschlusskriterium zu erzeugen, wenn das Vorhaben zu teuer ist.

Mit den nun eingereichten Informationen auf technischer und kaufmännischer Ebene in Form einer Skizze mit kaufmännisch ergänzenden Anlagen erhalten Sie vom Fördermittelgeber eine offizielle Aufforderung zur Antragstellung und können bereits jetzt davon ausgehen, dass Ihr Vorhaben in der Regel gefördert wird.

Schlussfolgerung

Bei einer positiven Bewertung des Ideenpapiers wird der potenzielle Antragsteller in der Regel zur Einreichung einer Skizze aufgefordert. In einem zweistufigen Antragsverfahren zählt die Skizzeneinreichung als erste Stufe. Die Skizze ist umfangreicher als das Ideenpapier und enthält neben tiefergehenden technischen Angaben auch umfassende kaufmännische Angaben und Informationen zum Zeit- und Arbeitsplan (Beschreibung einzelner Arbeitspakete).

Für Skizzen bieten die meisten Projektträger auf ihren Webseiten spezielle Formatvorlagen zum Download an. Man sollte darauf achten, stets mit den aktuellen Versionen dieser Vorlagen zu arbeiten und sich an die darin enthaltenen Vorgaben zu halten.

Manche Projektträger bieten es an, Skizzen vor Einreichung durchzusprechen. Ist diese Möglichkeit gegeben, sollte man sie wahrnehmen.

3.5 Antrag stellen (zweistufiges Verfahren)

Die Aufforderung zur Antragstellung ist ein wichtiger Meilenstein im zweistufigen Verfahren bei Forschungs- und Entwicklungsprojekten. Mit dem Erhalt eines Förderkennzeichens und gegebenenfalls des Zugangs auf einer Online-Plattform (abhängig vom Förderprogramm) ist die Wahrscheinlichkeit eine Förderung zu erhalten über 90 % gestiegen. Viele Projektträger fordern einen Antragsteller nur zur Antragstellung auf, wenn Sie den Antragsteller auch fördern möchten und entsprechend dazu auch das Budget vorliegt.

Wichtig ist es für den Antragsteller im Zuge des Antrages mit aktuellen Antragsformularen und entsprechenden Nebenbestimmungen zu arbeiten. So sollte man sich direkt beim Projektträger dazu erkundigen und die Internetseiten des Projektträgers vorab sorgfältig prüfen. Viele Projektträger bieten auch persönliche Antragsgespräche an. Diese sollten wahrgenommen werden, um in der Erstellung der Anträge keine Fehler zu machen. Außerdem bieten viele deutsche Projektträger auch an, die fertigen Anträge im Entwurf zu prüfen, um dann endgültig die Anträge nach möglichen Korrekturen entgegenzunehmen!

Ein weiterer Tipp zur Erstellung eines guten vollständigen Antrages ist, sich von vorneherein einen virtuellen und oder eine manuellen Antragsordner zu erstellen und diesen unter der zu Hilfenahme von Checklisten zu füllen, so dass man jederzeit einen Überblick über den Stand des Antrages hat.

Bei den meisten Anträgen in Deutschland ist der Antrag zweigeteilt. Es gibt offizielle Antragsformulare, die das Förderprogramm nennen, in welchem der Antragteller beantragen möchte. Mittels zentraler Angaben zum Projekt und einer kurzen Projektbeschreibung wird das Projekt mit den Projektzielen in wenigen Sätzen beschrieben. Danach folgen wichtige kaufmännische Daten.

3.5.1 Technische Angaben

Die technischen Angaben zum Projekt werden, wie bereits im vorherigen Kapitel vertieft, beginnend mit der Projektskizze in der Projektvorhabensbeschreibung (VHB) weiter ausgeführt und vertieft. Die Vorhabensbeschreibung ist das Herzstück des Projektantrages, beschreibt diese nun doch die einzelnen Tätigkeiten im Entwicklungsprojekt anhand einer Arbeitspaketplanung (GANTT-Planung) und der dazugehörigen Aktivitäten und Investitionen, welche der Antragsteller während des Projektes plant.

GANNT-Plan und Hauptarbeitspakete

Das Projekt sollte in übersichtliche Hauptarbeitspakete unterteilt werden und es ist ratsam, eine gewisse Anzahl von Arbeitspaketen (vgl. Abb. 3.2) nicht zu überschreiten (in der Regel sechs bis zehn Arbeitspakete). In einem ersten kurzen Arbeitspaket, dem Lastenheft (in manchen Programmen startet ein Vorhaben mit dem Pflichtenheft), sollten die Hauptziele des Projektes erarbeitet und mit den Projektteilnehmern abgestimmt und festgelegt werden. Dabei ist wichtig, wenige messbare Ziele für das Projekt festzulegen, welche dann in einem letzten Arbeitspaket validiert und dokumentiert werden. Die Hauptarbeitspakete (HAP) sollten auf Sinnhaftigkeit, der interdisziplinären Zusammenarbeit mit den Projektbeteiligten und auf die zeitliche Länge gewählt werden. Im Projektverlauf sollten im Zeitraum von mindestens 24 bis maximal 36 Monaten maximal zwei bis drei Meilensteine gesetzt werden, die auch vom Projektträger als Prüfpunkte genutzt werden können (Beispiel: Materialentwicklung abgeschlossen, Proof of Concept. Preengineering eines Verfahrens abgeschlossen, Bestellung einer Anlage, Inbetriebnahme einer Anlage, etc.).

Mit der Fertigstellung der Ganttplanung werden die Hauptarbeitspakete in der Vorhabensbeschreibung nun technisch beschrieben: Titel, Dauer Inhalt und Ziel des Hauptarbeitspaketes geben dem Projektträger die Möglichkeit der Einordnung zur Gantt-Planung.

In den Hauptpunkten Zielsetzung, Problemstellung und Lösungsansatz der HAP werden die wichtigsten Punkte und technischen Highlights des Arbeitspaketes definiert und die Inhalte dazu ausgeführt. Diese Beschreibung sollte 1–2 Seiten nicht überschreiten und kann ggfs. durch weitere technische Ausführungen in der VHB vertieft und mit Skizzen, Tabellen, Abbildungen weiter veranschaulicht werden.

(1) Arbeitspakettitel	*(2) Arbeitspaket-Nr.*
(3) Bearbeitungszeitraum	*(4) Dauer*
(5) Zielsetzung, Problemstellung, Lösungsansatz des AP Ziel: Problemstellung: Lösungsansatz:	
(6) Arbeitsinhalt des AP	
(7) Aufwand je Personalkategorie	
(8) Unteraufträge	*(9) Meilenstein / Schnittstellen*

PM Ingenieur	PM Techniker	PM Facharbeiter

Abb. 3.2 Formatvorlage zur Beschreibung eines Arbeitspakets

Zudem werden in den Hauptarbeitspaketen die Personalaufwände für das Paket, die möglichen Unteraufträge und die Meilensteine und Schnittstellen zu weiteren Arbeitspaketen aufgeführt. Mit der Festlegung der Hauptarbeitspakete kann man nun auch in die kaufmännischen Angaben einsteigen.

3.5.2 Kaufmännische Angaben

Die kaufmännischen Angaben lassen sich in zwei Rubriken einteilen:

1. **Allgemeine Angaben zum Antragsteller**

Diese wurden in Abschn. 3.4.2 vertieft und werden nun ergänzt durch detaillierte Informationen über den Antragsteller, wie beispielsweise:

- Handelsregisterauszug
- Gesellschaftsverträge
- Organigramm
- Bilanzen der letzten drei Jahre
- Weitere Unterlagen je nach Förderprogramm und Richtlinie
- Diese Angaben dienen dem Projektträger dazu, die Identität und Bonität des Antragstellers und seines Vorhabens festzustellen.

2. **Projektspezifische Angaben zum Vorhaben (Kosten)**

Der Autor hat in seinen 23 Jahren Tätigkeit in der Beratung zur Erlangung von Zuschüssen für Entwicklungsprojekte über 1000 Projekte mitbegleitet und es gibt eine wichtige Erkenntnis aus der Tätigkeit: Öffentliche Forschungs- & Entwicklungsprojekte, die auf einen Zeitraum von 36 Monaten geplant werden, entwickeln in dieser Zeit eine gewisse Eigendynamik. Sei es, dass es Schwierigkeiten in der Erarbeitung der Arbeitspakete gibt oder es Ausfälle bei den im Projekt involvierten Mitarbeitern. Wir raten somit an, das Projekt in den Kosten großzügig zu planen, um eventuellen Vorkommnissen zu begegnen. So gibt es die Faustformel, dass man mindestens 20 % Sicherheitsaufschlag auf die geplanten Kosten zusätzlich beantragt.

Die beantragten Kosten sind die Grundlage für den Zuwendungsbescheid, der dann die maximale Höhe der zu erhaltenden Zuschüsse darstellt. Bleibt man im Projekt unter den beantragten Kosten, stellt das kein Problem dar. Übersteigen die tatsächlichen Kosten die beantragten Kosten, bekommt der Zuwendungsempfänger nachträglich nicht mehr Zuschüsse.

Insbesondere Preissteigerungen bei Material, Instrumenten und Anlagen sollten somit in der Kalkulation mit einem Aufschlag versehen werden. In den letzten Jahren haben aufgrund der volatilen Märkte und den Preisveränderungen manche Projektträger reagiert und genehmigen im vorneherein einen Sicherheitsaufschlag auf verschiedene Kostenarten. Die zu beantragenden Kostenarten sind bei Forschung & Entwicklungsprojekten:

- Personalkosten
- Externe Forschungs- und Entwicklungskosten
- Materialkosten
- Instrumente und Ausrüstungen
- Reisekosten

Die verschiedenen Förderprogramme arbeiten in diesen Kostenkategorien mit unterschiedlichsten Herangehensweisen. So ist es im Bund üblich nach tatsächlichen Selbstkosten, beispielsweise im Personal, abzurechen (Konzerne) oder zu Pauschalen (KMU), was die Antragstellung erheblich vereinfacht.

In Länderprogrammen gibt es beispielsweise bei **Personalkosten** Pauschalen für verschiedene Berufsqualifikationen wie Ingenieure, Meister und Facharbeiter, welche dann mit 160 h pro Monat maximal beantragt werden können. Insbesondere bei den Personalkosten ist es sinnvoll, mit dem Projektträger die genaue Vorgehensweise abzustimmen, um von vorneherein Fehler zu vermeiden.

Auch in der Zusammenarbeit mit Forschungsinstituten und Universitäten ist es wichtig, die richtigen Kosten zu ermitteln und diese auch richtlinienkonform angeboten zu bekommen. Dazu muss man vorab mit den Partnern ~~zu~~ besprechen, in welcher Form das Projekt erarbeitet werden soll.

Forschungs- und Entwicklungsarbeiten im Unterauftrag: In dieser Art der Beantragung arbeitet der Forschungspartner dem Antragsteller zu. Die gemeinsam entwickelten Erkenntnisse und IP verbleiben beim Antragsteller, der Unterauftragnehmer rechnet mit dem Antragsteller zu 100 % die Kosten ab und hat kein eigenes Risiko. Die Förderquote der Universität oder des Forschungsinstituts, welche zwischen 80 % und 100 % liegt, geht zu Lasten der Nettoförderquote des Antragstellers. Hier gilt es darauf zu achten, dass die Kosten des Unterauftragsnehmers zum Verhältnis der Projektosten des Antragstellers in einem verträglichen Verhältnis stehen.

Bei Konzernen, die eine Förderquote von maximal 50 % erhalten, sollte eine Universität im Unterauftrag mitarbeiten, ist eine Nettoförderquote zwischen 38 % und 41 % akzeptabel.

In der Zusammenarbeit mit Universitäten und Forschungsinstituten ist es wichtig, dass diese richtlinienkonform zu Vollkosten anbieten und Ihre Personalstunden uns Arbeitsinhalte passend zu den Arbeitspaketen des Projektes ausführen.

In der Antragstellung in Form eines Kooperationsprojektes ist es wichtig, dass die beiden Partner eine **Kooperationsvereinbarung** über die Verwendung des gemeinsam erzeugten Knowhows festlegen und der Leiter des Kooperationsprojektes dann diese auch dem Projektträger meldet. Eine Anleitung über den Mindestinhalt der Kooperationsvereinbarung gibt es im Fomularschrank des Projektträgers auf dessen Webseite. Beginnen Sie rechtzeitig diese Kooperationsvereinbarung zu verhandeln, da dies erfahrungsgemäß viel Zeit in Anspruch nimmt und eine Voraussetzung zum Abruf der Mittel ist.

Die Beantragung von **Materialkosten** in einem Förderprojekt kann je nach Komplexität des Projektes zu einer gesonderten Herausforderung werden. Da Forschungs- und Entwicklungsprojekte für 36 Monate im Voraus kostentechnisch geplant werden müssen, ist es zu diesem Zeitpunkt sehr schwierig die tatsächlich benötigten Mengen, Preise und Arten von Materialien zu bestimmen. In der Aufstellung der benötigten Materialien empfiehlt es sich mittels eines Mengen-Preis-Gerüstes zu beantragen und insbesondere zu begründen, woher die Ermittlung der Daten und Kosten stammen, um den Projektträger zu den ausgewählten Materialien die notwendige Hintergrundinformation zu liefern. Idealerweise ordnet man die geplanten Materialien den dazugehörigen Arbeitspaketen zu, um mehr Transparenz für den Prüfer zu schaffen.

Instrumente und Ausrüstungen können in einem Förderprojekt ein wichtiger Bestandteil zur positiven Erreichung der Projektziele sein. Instrumente für das eigene

Forschungslabor, welche neu angeschafft werden müssen, um erste Muster zu untersuchen, können über das geförderte Projekt beantragt werden. Wichtig dabei ist es, vorab festzustellen, in welchem Zeitraum das Instrument benötigt wird und ob es speziell für das Projekt angeschafft wurde und ansonsten im Unternehmen nicht weiter benötigt wird. Außerdem sollte mit dem Steuerberater geklärt werden, ob das Instrument abgeschrieben oder in den Aufwand gebucht wird. Je nach steuerlicher Handhabung kann das Instrument mit einer ausreichenden Begründung dem Projekt voll zugeordnet und entsprechend angesetzt werden. Das gleiche gilt für die notwendigen Ausrüstungen im Projekt, wie Werkzeuge, die nach Projektende dann zerstört werden. Wichtig ist es, wie bei den Materialkosten, die Kosten und die Notwendigkeit für das Projekt zu begründen und mit aktuellen Angeboten zu unterlegen, so dass der Projektträger diese nachvollziehen kann.

Aufgrund der langen Erfahrung mit der Beantragung von Förderprojekten empfehlen wir **Reisekosten** nicht zu beantragen, da die Nachweispflicht und die Begründungen nicht im Verhältnis zu der möglichen Bezuschussung stehen.

Sollten in einem geförderten Projekt die einzelnen Kostenblöcke zu Lasten der anderen Kostenblöcke über 20 % teurer werden, sollte das vorab dem Projektträger kommuniziert und von ihm genehmigt werden. Eigenhändig vorgenommene Änderungen im Projekt entlang den beantragten und genehmigten Kosten können zum Verlust von Förderungen führen und sollten somit tunlichst unterlassen, beziehungsweise vorab vom Projektträger genehmigt werden. Ein klassisches Beispiel dafür ist die Beauftragung eines externen Ingenieurbüros zu Lasten der eigenen beantragten Personalkosten!

Ist der Antrag fertig, kann er im Entwurf mit dem Projektträger durchgesprochen werden, um ihn dann zu finalisieren. Wichtig ist hier die enge Abstimmung mit dem Projektträger, die Vollständigkeit des Antrages mit allen erforderlichen Unterlagen, Angeboten, Informationen zur Bonität und einer sehr guten Vorhabensbeschreibung. Nach Freigabe durch den Projektträger steht dem Zuwendungsbescheid in der Regel nichts mehr im Wege.

Schlussfolgerung

Mit der Aufforderung zur Antragstellung steigt die Wahrscheinlichkeit einer erfolgreichen Förderung auf über 90 %. Wie bei der Skizze gibt es auch für Anträge Formatvorlagen, die man nutzen sollte. Der Antrag enthält im Vergleich zu Skizze noch einmal tiefergehende Angaben zum Projekt (technisch und kaufmännisch)

Die im Antrag enthaltenen Projektkosten und Fördersumme sind die Basis für die Förderung. Wird das Projekt während der Laufzeit teurer, lassen sich keine zusätzlichen Kosten beantragen. Es ist ratsam, etwas großzügiger zu kalkulieren. Bleibt man unter dem Budget ist das kein Problem.

Es ist möglich, Kosten im Vorhaben auf andere Kostenarten umzuwidmen und so die Fördersumme anders zu verteilen. Das muss jedoch mit dem zuständigen Projektträger abgesprochen und genehmigt werden.

3.6 Zwischenberichte, Abschlussbericht und Verwendungsnachweise

1. Zeitliche Abschnitte der Nachbetreuung
   a. Durchführungszeitraum
   b. Projektabschluss
   c. Bewilligungszeitraum
   d. Verwertungszeitraum
2. Auflagen im Zuwendungsbescheid
3. Besondere Nebenbestimmungen
4. Nachweise und Berichte
5. Abweichungen im Projekt

Sobald der Zuwendungsbescheid eintrifft, ist die Antragsphase erfolgreich beendet. Mit dem Zuwendungsbescheid ist der lang ersehnte Zuschuss endlich sicher. Sicher?

Die Nachbetreuung eines Förderprojekts ist ebenso wichtig, wie die Beantragung und erfordert ein strukturiertes Projektmanagement. Werden die erforderlichen Nachweise, Berichte und Unterlagen nicht fristgerecht eingereicht, oder andere Auflagen nicht erfüllt, kann der gesamte Zuwendungsbescheid widerrufen werden. Daraufhin muss der gesamte bisher ausgezahlte Betrag zurückgezahlt werden – mit Zinsen versteht sich. Um dies zu vermeiden sind zwei Dinge maßgeblich:

- Der Zuwendungsbescheid samt Anlagen
- Die Besonderen Nebenbestimmungen für Zuwendungen der gewerblichen Wirtschaft

Dem Zuwendungsbescheid liegen verschiedene Anlagen bei, unter anderem das sogenannte Terminblatt. Auf diesem sind alle Termine und Fristen für das Projekt aufgelistet, beispielsweise wann die turnusmäßigen Mittelabrufe oder die jeweiligen Berichte einzureichen sind. Dabei ist ein Projekt zu unterterteilen in die Projektphase, den Projektabschluss sowie die Phase nach Beendigung des Projekts, die Verwertungsphase.

Zuwendungsbescheid

Die genaue Analyse des Zuwendungsbescheids ist der erste Schritt für ein erfolgreiches Projekt. In einem Zuwendungsbescheid werden alle Bedingungen, Auflagen und Konditionen definiert, die durch den Fördergeber zur Förderung des spezifischen Projekts erlassen werden. Ergänzt werden diese spezifischen Bedingungen durch die sogenannten Nebenbestimmungen, die Teil des Zuwendungsbescheid sind. Projektspezifische Auflagen können beispielsweise Auflagen zur Einreichung von Unterlagen oder auch Sperrvermerke für (Kosten-)Positionen sein. Sperrvermerke werden ausgesprochen, wenn während der Antragsphase keine oder unzureichende Kalkulationen für beantragte Kosten eingereicht werden. Daraufhin muss der Fördernehmer dem zuständigen Fördergeber oder Projektträger vor Beauftragung der entsprechenden Position die Kostenkalkulation in

Form von beispielsweise Angeboten plausibilisieren. Erfolgt diese Entsperrung nicht, können die entstehenden Kosten nicht berücksichtigt werden. Im Fall von Investitionen in Anlagen kann dies schnell zu einem bösen Erwachen führen, wenn die fest eingeplanten Zuschüsse für die teuren Anlagen nicht ausgezahlt werden. Aktuell (Stand 2024) sind die Projektträger jedoch dazu angehalten, Sperrvermerke bei Kosten zu vermeiden, um ihr ohnehin hohes Arbeitspensum zu reduzieren. Eine umfassende und aktuelle Übersicht über die abgerufenen Mittel und gesperrten Positionen ist an dieser Stelle der Schlüssel für einen ungestörten Projektverlauf.

Besondere Nebenbestimmungen

Die besonderen Nebenbestimmungen sind salopp formuliert die „allgemeinen Spielregeln" für Zuwendungen, quasi die AGBs für Förderbescheide. Hier sind grundlegende Regeln definiert, an die sich der Fördernehmer zu halten hat. Je nach Förderstelle sind verschiedene oder auch mehrere Nebenbestimmungen einzuhalten. Jede Landesregierung besitzt eigene Nebenbestimmungen, die auf der AGVO sowie auf den jeweiligen Verwaltungsverfahrensgesetzen beruhen. Auf Bundesebene gibt es einheitliche Nebenbestimmungen, die NKBF 2017.

Die besonderen Nebenbestimmungen sorgen dafür, dass die Vorgaben aus der AGVO eingehalten werden. Beispielsweise müssen bei Aufträgen über 25.000 € in der Regel mindestens drei Vergleichsangebote eingeholt werden, was entsprechend dokumentiert werden muss. Dies ist auch der Fall, wenn bereits Angebote in der Antragsphase eingeholt und eingereicht wurden – ein oft übersehener Stolperstein.

Projektphase

Die Projektphase wird Durchführungszeitraum genannt. In diesem Zeitraum werden die Projektarbeiten durchgeführt. Anfallende Kosten soll der Antragsteller in turnusmäßigen Mittelabrufen dem Projektträger mitteilen. Beauftragung und Bezahlung müssen innerhalb der Projektlaufzeit erfolgen. Eventuelle Boni oder Skonti gilt es vom Nettobetrag abzuziehen, unabhängig davon, ob sie in Anspruch genommen worden sind, oder nicht. Für die Zahlungen sind die entsprechenden Zahlungsnachweise vorzulegen, beispielsweise in Form von Kontoauszügen. Dadurch wird den Prinzipien für einen wirtschaftlich verantwortungsbewussten Umgangs mit den zur Verfügung gestellten Steuergeldern Rechnung getragen. Je nach gewährtem Fördersatz wird nach einer Prüfung der eingereichten Unterlagen durch den Projektträger der anteilige Zuschuss dem Unternehmen überwiesen. Wichtig ist festzuhalten, dass die Zahlungen an den Fördernehmer vorbehaltlich der Abschlussrechnung erfolgen. Sollte der Fördergeber zu einem späteren Zeitpunkt feststellen, dass beispielsweise Vorgaben aus den Besonderen Nebenbestimmungen nicht nachgekommen wurde, kann er den Zuschuss in Teilen oder in voller Höhe zurückfordern.

Zusammen mit den Mittelabrufen informiert der Antragsteller den Projektträger mit Hilfe eines technischen Berichts über die erzielten Fortschritte im Projekt. In den technischen Berichten erhält der Projektträger Informationen über etwaige Probleme, Verzögerungen oder Änderungen im Projekt. In den Berichten sollte dabei nicht nur auf die technische Tiefe geachtet werden. Es ist hier auch opportun, auf gestalterische Elemente wie Zeichnungen oder Fotos zurückzugreifen. Auf diese Weise wird das Projekt für die Prüfer der Berichte anschaulich und greifbar dargestellt.

Der Durchführungszeitraum erweitert um ca. drei Monate bildet den Bewilligungszeitraum. Innerhalb dieser Zeitspanne können entstandene Kosten geltend gemacht werden. Die zeitliche Dehnung ist ein Zugeständnis des Fördergebers und notwendig, da Rechnungen für Leistungen aus der Projektlaufzeit oft erst nach Ablauf des Projekts beim Fördernehmer eintreffen.

Mit dem Ende des Bewilligungszeitraums beginnt der Verwertungszeitraum, der in der Regel fünf Jahre andauert. In diesem Zeitraum wird jährlich ein Bericht bei dem Projektträger eingereicht. In diesem Bericht wird über die wirtschaftliche und technische Verwertung der Ergebnisse aus dem Förderprojekt referiert.

Schlussfolgerung

Nach dem Erhalt des Zuwendungsbescheids ist die Arbeit noch nicht ganz geschafft. Während der eigentlichen Projektlaufzeit muss man dem Projektträger über Zwischenberichte, Verwendungsnachweise und einen Abschlussbericht den Projektfortschritt vermitteln und nachweisen, dass man die bereitgestellten Fördermittel richtig verwendet.

Literatur

Bundesministerium für Wirtschaft und Klimaschutz. (2020). Richtlinie zur Förderung von Forschungs-, Entwicklungs- und Investitionsprojekten mit dem Ziel der Treibhausgasneutralität im Industriesektor. https://www.foerderdatenbank.de/FDB/Content/DE/Foerderprogramm/Bund/BMWi/dekarbonisierung-industrie.html. Zugegriffen am 22.10.2024.

Bundesministerium für Wirtschaft und Klimaschutz. (2024). Neue Förderrichtlinie für die Dekarbonisierung des Mittelstands. https://www.bmwk.de/Redaktion/DE/Pressemitteilungen/2024/08/20240823-neue-foerderrichtlinie-dekarbonisierung-mittelstand.html. Zugegriffen am 22.10.2024.

Nachwort

Dieses Buch erhebt nicht den Anspruch auf Vollständigkeit und einer hohen wissenschaftlichen Tiefe, sondern soll im alltäglichen Umgang immer wieder verwendet und eingesetzt werden können. Aufgrund der Komplexität der Förderbranche ist es geplant, in weiteren Handbüchern insbesondere die Beantragung von Forschungs- und Entwicklungsprojekte auf den unterschiedlichen Ebenen der Antragsmöglichkeiten in der EU, dem Bund und den Bundesländern zu vertiefen. Die Autoren hoffen insbesondere in der näheren Zukunft, dass mit dem zunehmenden Einsatz der Digitalisierung und der Künstlichen Intelligenz die Fördersystematik einfacher zu verstehen und zu beantragen ist.

C. M. Pfaff, G. Huck, *Öffentliche Fördermittel für die gewerbliche Wirtschaft*,
https://doi.org/10.1007/978-3-658-46982-5

Wichtige Begriffe der öffentlichen Fördermittel und deren Bedeutung

Allgemeine Gruppenfreistellungsverordnung Vereinfachung der Beihilfevorschriften und gezieltere Nutzung staatlicher Beihilfen zur Förderung von Wachstum und Beschäftigung. Automatische Genehmigung von 26 Arten von Beihilfen und dadurch beschleunigte Beihilfenvergabe in den Mitgliedstaaten.

Anschaffungskosten Aufwendungen, um einen Vermögensgegenstand zu erwerben (Hauptkosten) und betriebsbereit zu machen (Nebenkosten).

Antragsteller Können ein oder mehrere Unternehmen, natürliche Personen, Angehörige freier Berufe, öffentliche Einrichtungen oder andere Institutionen sein.

Beteiligung Mitgliedschaftsrecht, das durch Kapitaleinlage (Geld- oder Sacheinlage) bei einer Gesellschaft erworben wird.

Bürgschaft Eine Erklärung Dritter, im Falle der Zahlungsunfähigkeit des Schuldners für dessen Verbindlichkeiten einzustehen, zum Beispiel einen Bankkredit zurückzuzahlen. Bürgschaften geben zum Beispiel Bürgschaftsbanken, die es in allen Bundesländern gibt.

De-minimis-Beihilfen Dieser von der EU-Kommission geprägte Begriff bezeichnet Bagatellbeihilfen. Als solche gelten Beihilfen, bei denen der beizulegende Subventionswert, den dasselbe Unternehmen innerhalb von drei Kalenderjahren erhält, der den absoluten Höchstbetrag (De-minimis-Schwellenwert) von 300.000 € (Stand 2024) nicht übersteigt. Auf diesen Betrag anzurechnen sind alle im fraglichen Zeitraum gewährten De-minimis-Beihilfen.

Demonstrator Ein vereinfachtes Versuchsmodell eines geplanten Produktes oder Bauteils, welches im Rahmen eines Projektes dessen Machbarkeit demonstriert. Besonders im Hinblick auf Fördermaßnahmen wird dabei ein noch nicht seriennahes Gerät bzw. Funktionsmuster verstanden, das nur zur Versuchsdurchführung und zum Test einzelner Teilfunktionen dient oder ein bestimmtes Konzept illustrieren soll. Ein Referenzmuster dient nur zur Demonstration des projektierten Gerätes bzw. Bauteils. Ein Erprobungsträger grenzt sich noch stark vom projektierten Seriengerät ab. Die Konstruktion, der Aufbau und die Versuchsdurchführung in Verbindung mit Funktionsmustern und Erprobungsträgern werden häufig als Forschungstätigkeit gewertet.

C. M. Pfaff, G. Huck, *Öffentliche Fördermittel für die gewerbliche Wirtschaft*,
https://doi.org/10.1007/978-3-658-46982-5

Eigenmittel Mittel, die man „aus eigener Tasche" für eine Finanzierung aufbringen kann. Als Eigenmittel zählen:

- Bargeld und Bankguthaben
- Realistisch bewertete Eigenleistungen
- Einlagen in Form betriebsnotwendiger Güter wie Maschinen, Fahrzeuge etc.
- Darlehen Dritter mit Eigenkapitalcharakter
- Finanzmittel durch Beleihung von Haus- und Grundbesitz oder Lebensversicherungen

ERP-Mittel Mittel aus dem „European Recovery Program" (ERP), die 1948 als „Marshallplanhilfe" für den Wiederaufbau der deutschen Wirtschaft bereitgestellt wurden. Daraus entstand später das ERP-Sondervermögen des Bundes. Die KfW refinanziert verschiedene Programme aus dem ERP-Sondervermögen, diese tragen die Bezeichnung ERP-Programme.

Forschung und Entwicklung Forschung und Entwicklung, kurz F+E, FuE, F&E oder FE, beinhaltet im Rahmen der Fördermöglichkeiten im Wesentlichen die Grundlagenforschung, industrielle Forschung und experimentelle Entwicklung, welche Innovationen in unterschiedlichsten Bereichen der gewerblichen Wirtschaft, der Hochschulbereiche oder anderen Instituten hervorbringen.

Förderarten Im Wesentlichen basieren die Förderarten auf fünf Säulen der öffentlichen Fördermittel: öffentliche Zuschüsse, Forschungszulage, Darlehen, Beteiligungen und Bürgschaften. Welche Art der Förderung für ein Unternehmen richtig ist, hängt von vielen Faktoren ab: beispielsweise der Beschaffenheit des Vorhabens und dessen Zeitplans sowie vom potenziellen Antragsteller.

Förderquote Der Anteil der förderfähigen Investitionskosten hängt vom jeweiligen Förderprogramm ab und ist in den Bedingungen der einzelnen Programme genau definiert.

Fremdkapital Fremdkapital dient auch zur Ergänzung von Projektfinanzierungen. Neben den klassischen Bankdarlehen gibt es auch Darlehen der Förderbanken, die in der Regel zinsverbilligt sind und eine interessante Finanzierungsoption darstellen.

Forschungszulage Die Forschungszulage ist eine steuerliche Forschungsförderung. Sie ist die einzige Förderung in Deutschland, die rückwirkend, nach Beginn eines Forschungsvorhabens, beantragt werden kann. Damit lassen sich sowohl interne Forschungs- und Entwicklungstätigkeiten als auch Auftragsforschungen abrechnen. Angerechnet wird die Forschungszulage direkt auf die Steuerlast.

Förderfähige Kosten Förderfähige Kosten sind Kosten eines Vorhabens bzw. einer Maßnahme, für die im Rahmen eines Förderprogramms Beihilfen gewährt werden können. Art und Höhe der förderfähigen Kosten variieren je nach Art des jeweiligen Förderprogramms.

Fördergeber, Förderstelle Die Vergabe und Abwicklung öffentlicher Förderungen erfolgt über die Fördergeber. Dies können öffentliche Einrichtungen, Ministerien des Bundes bzw. der Länder, Projektträger oder andere Fördereinrichtungen sein.

Fördermittel Fördermittel sind wirtschaftspolitische Maßnahmen zur direkten Beeinflussung des Marktes mit finanziellen Mitteln zum Erreichen bestimmter Ziele.

Förderprogramm Förderprogramme definieren die Voraussetzungen, unter welchen die mittelgebenden Institutionen Vorhaben oder Innovationen fördern. Diese können in unterschiedlichsten Bereichen definiert sein. Bereiche der neuen Technologien, Lebenswissenschaften, Mobilität und Lebenswelt, Nachhaltigkeit sind nur einige Beispiele hierfür.

Förderquote Der Anteil der förderfähigen Investitionskosten hängt vom jeweiligen Förderprogramm ab und ist in den Bedingungen der einzelnen Programme genau definiert.

Haftungsfreistellung Befreiung von der Haftung, Verzicht auf Sicherheiten. In der Regel haftet die Hausbank zu 100 % gegenüber der Förderbank für die Rückzahlung eines Kredits der Förderbank. In einigen Kreditprogrammen kann die Förderbank einen Teil des Hausbankrisikos übernehmen, das heißt, sie befreit die Hausbank von einem Teil der Haftung. Je nach Programm sind das 40 %, 50 % oder 80 %. Im Fall der Insolvenz des Kreditnehmers tragen Förderbank und Hausbank den Verlust im vereinbarten Verhältnis. Die Haftungsfreistellung fördert die Bereitschaft der Bank für eine Kreditvergabe. Der Kreditnehmer besichert den Kredit genauso wie bei voller Haftung der Hausbank und zahlt einen Zinszuschlag für die Risikoübernahme durch die Förderbank.

Immaterielle Investition Aufwendungen für nicht materielle Vermögensgegenstände wie zum Beispiel Patente, Lizenzen, Software, Know-how, Firmenwert, Mandantenstamm, Vorlauf-/Anlaufkosten. Die Aufwendungen müssen in der Bilanz aktiviert werden.

Innovation Wörtlich heißt Innovation Neuerung, respektive Erneuerung. wirtschaftswissenschaftlich bedeutet Innovation die Durchsetzung einer technischen oder organisatorischen Neuerung, nicht allein aufgrund ihrer Erfindung. Für Unternehmen sind Innovationen überlebensnotwendig und kein Selbstzweck. Sie ermöglichen Unternehmen, sich durch zukunftsweisende und zugkräftige Produkte, Verfahren oder Dienstleistungen Wettbewerbsvorteile zu verschaffen.

Innovationsförderung Die Förderinstrumente für Forschung und Innovation des Bundes, der Länder und sonstiger Einrichtungen unterstützen Ihr Unternehmen, Hochschulen und Forschungseinrichtungen auf dem Weg zu Spitzenplätzen im weltweiten Innovationswettbewerb.

Investition Investition ist die Verwendung finanzieller Mittel, um damit Gewinn für das Unternehmen zu erzielen. Investitionen sind Teil des Geschäftsprozesses und können unter bestimmten Voraussetzungen öffentlich gefördert werden.

Investitionsförderung Es ist erklärtes Ziel der Regierung, gewerbliche Investitionen staatlich zu fördern. Investitionsförderung wird in der Regel als eine spezifische Förderung betrieben.

- Sektoral – in bestimmten Wirtschaftszweigen
- Regional – in bestimmten Regionen
- Unternehmensspezifisch – für bestimmte Unternehmensgruppen, insbesondere für kleine und mittlere Unternehmen
- Thematisch – für bestimmte Investitionstatbestände werden Begünstigungen gewährt.

KMU-Definition Kleine und mittlere Unternehmen (KMU) gemäß der Definition der Europäischen Union

Kleinstunternehmen sind Unternehmen, die

- weniger als zehn Mitarbeiter und
- einen Jahresumsatz oder eine Jahresbilanzsumme von höchstens zwei Millionen Euro haben.

Kleine Unternehmen sind Unternehmen, die

- weniger als 50 Mitarbeiter und
- einen Jahresumsatz oder eine Jahresbilanzsumme von höchstens zehn Millionen Euro haben.

Konsortium Meist vorübergehende Vereinigung von Unternehmen zu gemeinsamen Handels- oder Finanzoperationen oder zur Schaffung größerer Investitionsaufkommen. Es ist ein vorübergehender Unternehmenszusammenschluss in der Rechtsform der GbR gemäß §§ 705 ff. BGB zur Durchführung eines bestimmten Geschäftes. Nach Abschluss des Geschäftes wird das Konsortium wieder aufgelöst.

Mezzanine Kapital Mischform aus Eigen- und Fremdkapital, das je nach Ausgestaltung stärker eigen- bzw. fremdkapitalähnliche Züge aufweisen kann; die Finanzierung mit solchen Instrumenten wird als Mezzanine-Finanzierung bezeichnet.

Mittlere Unternehmen sind Unternehmen, die

- weniger als 250 Mitarbeiter und
- einen Jahresumsatz von höchstens 50 Mio. € oder eine Jahresbilanzsumme von höchstens 43 Mio. € haben.

Negativliste Sie enthält alle Branchen, welche von einer Förderung ausgeschlossen sind, sowie Regelungen zu Einschränkungen der Förderung.

Notifizierungspflicht Grundsätzlich muss jede Beihilfe (Förderung) bei der Europäischen Union (EU) notifiziert (d. h. angemeldet) und von ihr genehmigt werden. Dies gilt sowohl für Einzelmaßnahmen als auch für Förderprogramme. Ausgenommen von der Notifizierungspflicht sind sogenannte „e-minimis-Beihilfen" Wenn eine Beihilfe nicht im Rahmen eines von der EU genehmigten Förderprogramms oder als „e-minimis-Beihilfe" vergeben wird, muss die Beihilfe bei der EU einzelnotifiziert werden, d. h. die EU-Kommission prüft im Einzelfall die Vereinbarkeit der Beihilfe mit dem gemeinsamen Markt.

Öffentliche Finanzierungshilfen Die Förderbanken stellen Finanzierungshilfen in Form von zinsgünstigen Darlehen, Risikoentlastungen und Zuschüssen zur Verfügung. Vorteile öffentlicher Finanzierungshilfen liegen in niedrigen Zinssätzen, langen Laufzeiten (zu einem festen Zinssatz), tilgungsfreien Jahren und dem Recht zu Sondertilgungen.

Positivliste Liste von Branchen, welche im Rahmen der GRW förderfähig sind

Projekt Unter einem Projekt verstehen wir entweder eine Investition (im Wesentlichen Kauf, Erwerb bzw. Herstellung aktivierungsfähiger Sachanlagen) oder ein Innovations-/FuE-Vorhaben zur Entwicklung/Weiterentwicklung eines bestehenden Produktes und/oder eines bestehenden Verfahrens/Prozesses.

Projektskizze Die Projektskizze gibt einen konkreten Überblick über Ihr geplantes Vorhaben und lässt eine Entscheidung der Fördereinrichtung zu, ob ein Vorhaben für die Bewilligung von Fördermitteln geeignet ist. Wird Ihr Vorhaben als förderwürdig eingestuft, wird die erste Projektskizze detailliert und zur Vorhabensbeschreibung ausgeweitet.

Projektträger Projektträger sind Institutionen, die hauptsächlich im Auftrag von Ministerien die Abwicklung und Betreuung von Antrags- und Vergabeprozessen übernehmen und steuern. Sie haben im Wesentlichen die Aufgabe, die Ministerien zu entlasten und den Vergabeprozess bis zur Entscheidung durch das Ministerium vorzubereiten.

Regionalförderung Ausweisung bestimmter Regionen eines Landes nach einheitlichen Kriterien der EU. Die Landkreise werden in C-, D- oder Nicht-Fördergebiete eingeteilt.

Sondertilgung Vorzeitige Rückzahlung von Krediten während der Zinsbindungsfrist. Kredite der Förderbank, die zu 96 % ausgezahlt wurden (siehe Disagio), können ganz oder teilweise vorzeitig getilgt werden, ohne dass hierfür eine Vorfälligkeitsentschädigung berechnet wird. Kredite, die zu 100 % ausgezahlt wurden, können in der Regel nur gegen Zahlung einer Vorfälligkeitsentschädigung vorfristig getilgt werden.

Standort Art und Höhe einer möglichen Förderung ist standortabhängig. Die EU, der Bund als auch die Länder definieren Regionen, die als Fördergebiete anerkannt werden.

Subventionswert Vorteil, den ein Unternehmen aus einer Beihilfe (Förderung) zieht. Bei Zuschüssen stellt die Höhe des Zuschusses den Beihilfewert dar. Bei zinsverbilligten Darlehen wird der Beihilfewert als Zinsvorteil festgelegt, der sich aus der Differenz zwischen Effektivzinssatz des Förderdarlehens und einem Normalzinssatz (sog. Referenzzinssatz) finanzmathematisch errechnet. Der Referenzzinssatz wird durch die EU-Kommission nach einem speziellen Verfahren ermittelt.

Tilgungszuschuss Ein Tilgungszuschuss wird nach Abschluss des Vorhabens und Erreichen des Förderziels (zum Beispiel energetische Sanierung eines Wohngebäudes zum KfW-Effizienzhaus) gewährt. Die Gutschrift des Tilgungszuschusses reduziert die vom Kreditnehmer zurück zu zahlende Darlehenssumme. Eine Barauszahlung oder Überweisung des Tilgungszuschusses erfolgt nicht.

Unternehmen in Schwierigkeiten Insbesondere bei Bürgschaften und Haftungsfreistellungen für bestehende Unternehmen ist für eine Förderentscheidung von Bedeutung, ob es sich um ein gesundes Unternehmen oder um ein Unternehmen in Schwierigkeiten nach Definition der Europäischen Union handelt. Ein Unternehmen ist nach den Leitlinien der Gemeinschaft für staatliche Beihilfen zur Rettung und Umstrukturierung von Unternehmen in Schwierigkeiten (Amtsblatt der Europäischen Union Nr. C 244 vom 01.10.2004, Seite 2 ff.) als in Schwierigkeiten befindlich anzusehen, wenn es nicht in der Lage ist, mit eigenen finanziellen Mitteln oder Fremdmitteln, die ihm von seinen Eigentümern/Anteilseignern oder Gläubigern zur Verfügung gestellt werden, Verluste aufzufangen, die das Unternehmen auf kurze oder mittlere Sicht so gut wie sicher in den wirtschaftlichen Untergang treiben werden, wenn der Staat nicht eingreift.

Verbundene Unternehmen Als verbunden gilt ein Unternehmen, wenn ein anderes an ihm über 50 % der Anteile hält oder es selbst an einem anderen mehr als 50 % der Anteile hält. Bei Einzelunternehmen gilt: Alle Firmen des Inhabers sind verbundene Unternehmen. Als Gruppenumsatz wird der konsolidierte Umsatz aller verbundenen Unternehmen bezeichnet. Die Innenumsätze beteiligter Unternehmen zählen nicht mit. Der Umsatz von Kapitalbeteiligungsgesellschaften wird nicht einbezogen, weil die Beteiligung befristet ist.

Verwendungs- und Mittelnachweis Die Erfüllung bzw. der Erfolg eines geförderten Projektes wird mittels Erfolgskontrolle von der Bewilligungsstelle überprüft. Hierzu reicht der Zuwendungsempfänger während der Projektlaufzeit und zum Abschluss des Vorhabens entsprechende Nachweise beim Zuwendungsgeber bzw. dem beauftragten Projektträger ein. Der Verwendungsnachweis besteht in der Regel aus einem Sachbericht und einem zahlenmäßigen Nachweis.

Vorhabensbeginn Als Beginn eines Vorhabens wird generell der Abschluss eines dem Vorhaben zuzurechnenden Lieferungs- und Leistungsvertrages gewertet. Planungen (zum Beispiel Bauplanung, Machbarkeitsstudien, Vorversuche), Grunderwerb, Patentanmeldung, Inanspruchnahme von Beratungen oder das Einholen von Genehmigungen gelten in der Regel nicht als Vorhabensbeginn. Bei Bauvorhaben gilt die erste Handwerkerleistung vor Ort bzw. der „erste Spatenstich“ oder die erste Abschlagszahlung als Beginn des Vorhabens. Bei Ersterwerb oder Erwerb von einem Bauträger gilt die Beurkundung des notariellen Kaufvertrages als Vorhabensbeginn, bei Erwerb in einer Zwangsversteigerung das Zuschlagsdatum.

Zinsverbilligtes Darlehen Ein zinsverbilligtes Darlehen zeichnet sich dadurch aus, dass die Zinssätze im Vergleich zu dem von der EU festgelegten Referenzzins günstiger ausfallen.

Zuschuss Kapitalzuwendung, die nicht zurückgezahlt werden muss, wenn sie ordnungsgemäß verwendet wurde.

Zuwendung Zuwendungen sind zweckgebundene Geldleistungen des Staates, die dieser freiwillig, also ohne einen bestehenden Rechtsanspruch, zur Erfüllung öffentlicher Aufgaben vergibt. Mit diesen staatlichen Geldleistungen soll die Erfüllung bestimmter Zwecke bzw. Ziele sichergestellt werden, an denen der Staat bzw. das Land ein besonderes Interesse definiert. Die Bewilligung erfolgt in Form eines Zuwendungsbescheides oder eines Zuwendungsvertrages.

Kolibri 360 GmbH
Ferdinand-Jühlke-Straße 7
99095 Erfurt, Deutschland
produktsicherheit@kolibri360.de